从阅人无数到阅人有术

郡锴 / 编著

中国华侨出版社

图书在版编目（CIP）数据

从阅人无数到阅人有术 / 孙郡锴编著. —北京：中国华侨出版社，
2012.8
ISBN 978 - 7 - 5113 - 2411 - 5

Ⅰ.①从… Ⅱ.①孙… Ⅲ.①心理交往－通俗读物
Ⅳ.①C912.3 - 49

中国版本图书馆 CIP 数据核字（2012）第 097882 号

● 从阅人无数到阅人有术

编　　著/孙郡锴

责任编辑/文　筝

经　　销/新华书店

开　　本/710×1000 毫米　1/16　印张 15　字数 200 千字

印　　数/5001-10000

印　　刷/北京一鑫印务有限责任公司

版　　次/2013 年 5 月第 2 版　2018 年 3 月第 2 次印刷

书　　号/ISBN 978 - 7 - 5113 - 2411 - 5

定　　价/29.80 元

中国华侨出版社　　　北京市朝阳区静安里 26 号通成达大厦 3 层　　　邮编 100028

法律顾问：陈鹰律师事务所

编辑部：（010）64443056　　64443979

发行部：（010）64443051　　传真：64439708

网　址：www.oveaschin.com

e - mail：oveaschin@ sina.com

前言

　　大千世界，芸芸众生。生活在纷繁复杂的社会中，我们总是不可避免地同各种各样的人打交道。我们与人相处的能力往往决定着办事的质量。《孙子兵法》中说"攻心为上，攻城次之"，一语道破了解决事情的关键——人心。然而人心玄妙，复杂难测。因此，洞察人心、知人识人成为了一门高深的学问和人们不倦的追求。华夏始祖选能人而治天下，周文王渭水河边慧眼识子牙，历代明君不拘一格招贤纳士，曾国藩著述《冰鉴》讲述识人要诀。这一切都体现着阅人的重要性。

　　当今社会，科技的迅速发展带动着社会生活方方面面的巨大变化。人与人之间的交往也变得更加频繁和密切。我们要赢得周围人的欢迎和喜爱、拥有良好的人际关系，就需要了解不同人的喜好和禁忌；我们要获得上司的赏识、同事的认可，收获职业上的成就，就应该了解他们的心思，看对人，做对事；我们要获得意中人的青睐，抓住爱人的心，就要做懂他（她）的那个人，纵然他（她）身边众星捧月，你也会是他（她）心中永远戒不掉的风景。这一切的一切，都只是因为懂得人心。

　　阅人既是一门艺术，又是一门学问。古时有先贤哲人穷其一生，不断摸索与实践识人的妙法，今有各界人士为了各种需要而学习揣摩阅人的智慧。美剧《别对我撒谎》的热播，更是将阅人的智慧推向了心理

1

学的高度。然而，阅人之术并不是高深莫测、无迹可寻的。我们可以通过适当的方法和途径成为认人识人的高手。本书结合中国古代阅人智慧的精华与当代社会的生活实际，并辅以心理学方面的相关成就，多角度、全方位地对阅人的智慧进行生动有趣、别开生面的剖析，让阅人之术不再神秘，真正成为引导我们走向美好生活的幸福之术。心动不如行动，下一个阅人高手就是你！

目　录

想洞悉别人，先完善自己

兵法说："知己知彼，百战不殆。"只有认清自己的性格特征、优势与劣势，才能在人际交往中扬长避短，以冷静客观的姿态看人、识人。

知人识人，方可左右逢源

社会是由形形色色的人组成的，要想在社会上生存，就要学会在复杂多变的情况下把握不同人的心理与行为特征，知人识人，在各种场合下都能左右逢源。

管中窥豹，在细节处寻找蛛丝马迹

成败在于细节。一个人的性格与心理特征总是在人无意识的情况下从细节处表现出来。从细节入手，才能窥探人的内心深处。

统观全局，从整体角度阅人

有时，在我们没有机会对人进行深入细微观察的时候，可以从整体着眼，通过抓住总体特点来估测人心。

笑傲职场，你就是阅人高手

走入社会，跨入职场，要想事业成功，并且得到他人的认可，就需要明察秋毫，见微知著，快速看透对方的内心世界，这样才能在职场中游刃有余。

目录

男人不是谜，慧识好坏很关键

男人来自火星，男女间的差异为两性间的交流增添了诸多烦恼与误解，而男性群体中的个体差异又使两性间的了解变得更加错综复杂。因此，了解男性的心理在两性的沟通中显得尤为重要。

万种风情皆女人，看穿心事最重要

女人是水做的，是感情的动物，她们善变、多疑，总是让人摸不着头脑。在交往中抓住女性的心理，往往能取得事倍功半的效果，让两性间的交流更加顺畅愉快。

抓住生活印迹,阅人之中有阅历

生活中我们难免要与人接触,这时就需要我们洞悉他人的内心,了解与不同人交往的相处之道。如果能抓住日常生活中的印迹,并从中发现隐含的性情信息,就能够使我们在生活中多一些方便,少一些麻烦。

附：阅人有术，做人有道

在揣摩和了解他人的性格特征和心理之后，采取适当的方式，才能攻克他人的心理堡垒，达到自己预想的目的。

想洞悉别人，先完善自己

　　兵法说："知己知彼，百战不殆"。只有认清自己的性格特征、优势与劣势，才能在人际交往中扬长避短，以冷静客观的姿态看人、识人。

成为读心神探，你准备好了吗

渔夫垂钓，需要三尺鱼竿；舞者曼妙的演出，需要台下的勤学苦练；学子金榜题名，需要十年的寒窗苦读；瞩目的新发明，需要无数次的反复试验。世间万物都有一个准备积淀的过程，学习阅人的技巧、掌握阅人的智慧也不例外。

军事家常说"不打无准备之仗"，只有事先做足准备，才能让事情顺利进行，马到成功。学习阅人的智慧也是如此，需要我们事前做好准备，这样才能够快速准确地掌握阅人的技巧，在学习的过程中少走弯路。

小王刚刚大学毕业步入社会，开始面对形形色色的人。在与各种不同的人相处中，小王觉得力不从心，因为他渐渐发现与不同的人打交道时因为人性格的不同需要采取不同的方式，这让他意识到社会中的人际交往不再像过去与老师同学的交往那么简单。于是，小王开始尝试通过了解不同人的性格特征来减少人际关系中的压力，提高自己的人际交往能力。他看了很多关于心理学方面的书籍，然后把书中的理论直接应用到人际交往中。然而，令他失望的是，他并没有得到想象中的效果，反而更加迷惑不解。因为他发现，当他按照书中的指导进行人际交往时，实际情况与他预料中的结果往往不一样。比如，当他与别人交流时，他很希望能够增进对对方的了解，就用书中指导的方式去与人交流，却发现每次交流过后，他不但没有得到预期的效果，没能从别人那里得到什么自己想要的信息，反而不自觉地透露了很多自己的信息。经过一段时间的实践，他发觉到自己的交往能力并没有提高，实际情况离他想要的结果越来越远。他很苦恼，不知道自己到底是差在哪里，更不知道到底应该怎样做才能实现自己的目标。

从小王的例子我们看到，小王虽然很想通过了解不同人的性格特征来提高自己的人际交往能力，也通过学习心理学知识做了很大的努力，但是却没有达到自己想要的效果，他在阅人识人方面仍然不得要领。事实上，他是因为没有做好充分的准备才使得自己的努力没有回报。小王的经历启示我们：想要阅人识人，成为阅人神探，一定要做好充足的准备工作，不然的话，即使付出了努力，也不会有相应的回报。因此，当我们打定主意要学习阅人的智慧时，就一定要注意做好充分的准备，这样才不至于像小王那样走上弯路，不得要领。

你也许会问，我们究竟需要怎样做，做到什么程度，才算是准备好了呢？看看下面几点，并按照上面所说的去做，循序渐进，步步为营，那么，我们的准备工作就大功告成了。为了方便记忆，我们可以记住这样一句要诀：一停二看三实践，抓住机会多训练。

一停，是指我们要停下自己的浮躁之心，将自己融入人群当中，尽可能地同各种各样的人接触交往，只有这样，才能有更多的机会了解不同的人，积累阅人方面的经验。如果我们总是独来独往，拒绝与人交流，那么必定会缺乏经验。在生活和工作中，遇到不得已的情况与人交往时，难免会处处碰壁，无法适应与各种不同的人打交道。碰壁的结果会使我们更加不愿与人交流，长此下去，就会形成恶性循环，对于我们的人际关系十分不利。因此，我们一定要鼓励自己多到人群中去，尽可能地与人交流，为学习阅人的智慧、掌握阅人的技巧做好初步的准备。

二看，是指我们要静下心来，在与人交往时，仔细察看，用心倾听，一定不要吝惜我们的耐心与汗水。在看的过程中我们要特别注意，对待看到的对象，我们必须看在眼里，记在心里。如果我们只是视而不见，充耳不闻，没有用心思考分析，那么即使我们看得再多，听得再真，也只是做了无用功，对掌握阅人智慧、提升阅人能力毫无用处。因此这里所说的看，是指我们不仅要用眼睛看，也要用心去看。

三实践，意思是我们要在融入人群，在多听多看的基础上，抓住机会多多实践。在与人交流时，要想办法让对方对我们敞开心扉，为我们提供更多的信息。然后我们就可以根据自己的需要汲取有用的部分，并对各种不同类别的人以及不同类别的信息综合分析，为学习阅人技巧，掌握阅人智慧积累充足、可靠的素材。

只要我们用心学习这三个步骤，把它们运用到我们日常生活当中去，那么当我们在实践中学习阅人的技巧和智慧时就会变得轻松许多，避免在阅人的过程中遇到麻烦。

总而言之，我们要知道，学习阅人智慧与其他事情的成功一样都不是一蹴而就的，需要我们耐心认真地做好准备工作。想要阅人识人，成为阅人神探，就一定要在日常生活中尽可能多地与不同的人交往，用心观察，仔细分析，并在不断地实践中积累经验，为掌握阅人技巧做好充足的准备。

阅人笔记

良好的准备是成功的开始。世上无难事，只怕有心人。只有用心做好热身运动，做足充分的准备，才能在学习阅人技巧的过程中得心应手，达到事半功倍的效果。这样，我们才能快速达到成为阅人神探的目标。

自我剖析，洞悉真实自我

很多时候，想要成为阅人高手的我们会把目光更多地放在别人身上，却忽略了洞悉真实自我的重要性，对自己的阅人能力没有清晰的认识。事实上，如果我们对自己都没有明确的认识，又怎么能更好地了解他人呢？

著名画家保罗·高庚创作生涯中最大也是极其经典的一幅油画，名字叫做："我们从哪里来？我们是谁？我们到哪里去？"看似简单的三个问句，里面却蕴涵着无尽的探求与思索。

也许我们并不会常常问自己"我是谁"这个问题。身在凡尘琐事中，每天都在与各种不同的人打交道，我们往往会将注意力过多地投放在他人的身上，而忽视了审视自己的内心世界，没有意识到认清自己的内心对读懂他人心理的重要性。

其实，认识自己尤为重要。古往今来的哲人们，非常重视洞悉自我的重要性。《孙子兵法》上说："知己知彼，百战不殆。"只有正确认识自己，了解自己的优势与劣势，才能在与人交往时扬长避短，为我们阅人识人省去许多不必要的麻烦。

佳佳刚步入职场不久，她很希望能够与同事友好相处，拥有良好的人际关系。她知道言为心声，通过言谈能了解人们多方面信息的道理，于是她尝试主动与大家交流。但是她尝试的结果却往往令她很失望，她并没有获得自己想知道的信息，同时她发现，开始时对她还算友好热情的同事对她的态度却渐渐变得越来越淡漠，甚至不愿与她交流。在她看来，一般情况下主动热情的人在交往中都是很受欢迎的，为什么自己却得到不一样的结果呢？她不知道自己的问题出在哪里，感到很困惑，于是她找到心理咨询师寻求帮助。经过心理咨询师的指点，她才恍然大悟，原来她性格内向，不善于言谈，不能很好地表达自己的想法，导致不能与人进行流畅、愉快的沟通，因此别人不愿与她交流。同时由于她对大多数人感兴趣的话题不够了解，在交谈时，或者是只说些自己感兴趣而对方却没兴趣的话题，或者是只能听对方谈论他们的话题而自己却插不上嘴，因此，人们会觉得和她没什么共同语言，自然不愿与她过多地交流了。

通过佳佳的例子我们可以看到，她就是因为没有好好地洞悉真实自我，才在交往中遇到了麻烦。她想通过言谈来了解人们多方面的信息这个出发点是正确的，但是却没有认清自己的不足，不懂得扬长避短，所以才导致自己与人交往失败，无法达到阅人的目的。因此，在我们想要与人交往来达到我们阅人的目的时，一定要记得先充分了解自己的优缺点，在交往中扬长避短，这样才能顺利达到我们的目标。

要洞悉真实的自我，我们就一定要抽出时间多多反省思考，通过对自己进行剖析，了解自己的优缺点，这样才能发扬自己的优势，弥补自己的不足。事实上，如果我们想知道自己的模样，那我们可以简单地通过照镜子来实现，可是若想认识自己的内心世界，真正认识到自身的优点和缺点，却并不容易：自卑者往往很难发现自己的优点和长处，而自负者常常看不到自己的缺点和不足。因此，我们在认识自己的过程中，一定要注意深刻剖析自己，不能对自己手下留情，尽量客观真实地评价自己的优势与劣势，这样才能准确地洞悉自己真实的内心世界。

我们可以通过审视自己内心，洞悉自我的过程找到自己的优势与劣势，从而做到扬长避短，为交流省去许多麻烦。同时，这也是一个练习阅人本领的机会，能够为我们阅人积累经验。

阅人是需要一定的阅历和经验的，而这种阅历和经验需要我们在人生旅途中不断地洞悉真实的自我，只有先从自己开始，不断演习，不断努力，才能最终实现自己的目标，将自己训练成为真正的阅人高手。

综上所述，我们要阅读他人，首先就要不断洞悉真实的自我，完善自我。对于自己的优点和长处，就要积极利用，以便提升自己的阅人能力，向成为阅人高手的目标进军；对于劣势和不足，就要想办法改进，避免它们成为我们阅人道路上的障碍，为达到成为阅人高手的目标清除阻力。同时，通过对真实自我的洞悉过程，不断地在自己身上练习阅人的本领，积累自己阅人方面的经验，使自己快速掌握阅人的智慧和技巧。只有这样，我们才能循序渐进，向成为阅人高手的目标迈进。

 阅人笔记

古希腊有一句名言说道："人哪，认识你自己！"足见认识自我的重要。想要读懂别人，首先要了解自己。具备了良好的自我认识，才能在交往中有的放矢，快速学习阅人技巧、掌握阅人智慧。

俯察自观，保护好自己的阿基琉斯之踵

金无足赤，人无完人。人总有缺点和弱项，只有认清自己的不足之处，在改进的基础上巧妙地保护好自己的劣势，才能避免它们成为我们阅人道路上的障碍。

我们对自己的阅人能力有了基本的认识，也发现在我们身上总有些劣势和不足。究竟该怎样对待这些劣势和不足，对于想要成为阅人神探的我们尤为重要。

　　对于那些通过努力就可以改进的劣势与不足，我们当然要鞭策自己，努力奋斗，抓住机会有意识地训练自己，提高自己的阅人能力，不懈地学习阅人智慧与技巧。

　　阿基琉斯是希腊神话中的英雄。他是女神与人类的儿子，半人半神，不能像神一样长生不老。所以，当他还是婴儿时，他的女神母亲就把他浸泡在冥河中，想让他像真正的神一样获得不死之躯。由于他是被母亲捏住脚踵倒浸到冥河水中的，所以他的全身刀枪不入，唯有脚踵处成为了他的致命弱点。后来，他参加特洛伊战争，凭借他刀枪不入的身躯和英勇，在战斗中杀敌无数，数次使希腊军反败为胜。但是，阿基琉斯脚踵处的弱点却被对手得知。对方趁着阿基琉斯在马上作战之时，朝他的脚射出了一支箭。箭头正中阿基琉斯的脚踵。就这样，一代英雄死在了自己的弱点之下。这就是希腊神话中阿基琉斯的故事，阿基琉斯之踵的说法就由此而来，指的是人的致命弱点。

　　在阅人识人的过程中，我们总是无法避免地存在些不足，这些不足就是我们身上的阿基琉斯之踵。如果我们不去及时发现它们，并巧妙地对它们加以保护，它们就会成为我们交往过程中的绊脚石，阻碍我们成为阅人高手的脚步。因此，我们要对自己阅人方面的弱点有所了解，在阅人过程中尽量绕开这些弊端。

　　李成性格比较外向，为人很直率，遇事时常常是不假思索想到什么就说什么。进入职场后，他还是保持他率直、喜欢直来直往的个性，常常在同事面前毫不掩饰地就说出自己的喜恶。后来他发现，人们对他不再像以前那样友好，而是渐渐对他敬而远之，除了工作中必要的交往外，不愿再与他有过多的交流。李成觉得很苦恼，自己那么诚心诚意、毫无保留地待人，为什么别人会对自己心有芥蒂、态度冷淡呢？后来他找到自己的好朋友，恳请他为自己指点迷津。通过朋友的评价，他才明白了自己的问题到底在哪里：原来他这种外向、说什么不经大脑的性格容易给人一种不可信赖的感觉，而且口无遮拦的他很容易在无意间得罪人，人们害怕跟他有过多的交往会给自己带来不必要的麻烦，所以只好对他敬而远之。

通过李成的例子我们可以发现，在交往中如果不找出自己的阿基琉斯之踵，避开自己的弱点，就会导致在交往中出现麻烦。我们可以看到，这些弱点在影响人际交往的同时，对我们阅人的过程也是有害无利，阻碍我们成为阅人高手的脚步。

因此在平时的生活中，我们要找出自己的弱点在哪里，然后想办法将它们隐藏起来，为良好的交往和成功的阅人创造有利的条件。我们怎样才能了解自己阅人方面的弱点在哪里呢？不妨从下面两点入手。

自省吾身：通过与自己进行交流，深刻剖析自己，反省自己在阅人方面的不足，我们会意外地发现原来自己有些地方做得还不够好，需要我们加以改进。这样做的结果会让我们更加清楚地了解自己，达到我们找到自己弱点在哪里的目的。

以人为镜：以人为镜，可以知得失。我们每天都在与不同的人交往，这些人都可以成为我们的明镜，成为我们认识自己的重要资源。我们可以通过在与他人的比较中来认识自己阅人方面的不足；也可以通过亲人朋友对自己的评价来认识自己在阅人方面的弱点，因为他人的评价往往比主观的自省具有更大的客观性，也往往更全面，所谓"当局者迷，旁观者清"说的就是这个道理。

找到了自己的致命弱点在哪里，我们就完成了基本的一步，接下来我们就该想办法做好下一步，也是关键的一步。在交往中，巧妙地保护好自己的阿基琉斯之踵，为我们的阅人之路扫除障碍，这才是我们找到自己弱点的真正目的。

在交往中，我们究竟该怎样做，才能有效保护好自己的阿基琉斯之踵呢？记住下面几点建议，肯定会对我们有所帮助。

武装自己：俗话讲，勤能补拙；世上无难事，只怕有心人。即使是在我们不擅长的方面，经过我们的刻苦努力，也一定能够有所进步。因此，我们要对症下药，在生活中根据自己的缺点有意识地锻炼自己，提高交往能力。

转移注意力：生活中，对于可能泄露我们人际交往弱项的事情，我们在交往中要注意尽量避开。如果对方有意无意地涉及这方面，我们可以尝试转移话题，将其注意力转移到别的事物上去，达到我们隐藏自己弱点的目的。

阿基琉斯之踵人人都会有，我们在交往中也总会有自己的不足之处。我们无法避免它们的存在，却能通过努力使别人看不到它的存在。这样我们就能够很好地保护自己，在交往中游刃有余，为我们阅人识人避免不必要的麻烦。

阅人笔记

认识自己最重要的是认识到自己的弱点和不足之处，目的就是有的放矢地保护自己。这样才能在交往中应对自如，没有后顾之忧，在阅人的道路上越走越顺，距离我们成为阅人高手的目标也就越来越近。

解密识人玄机，摆正心中标尺

认识自己需要理性全面，认识别人则更需要公正客观。只有摆正心中的标尺，才能对别人做出客观公正的评价，避免我们在学习阅人智慧的进程中走上歧路。

走上阅人的道路，我们不可避免地要对他人的行为给予各种各样的评价，并在此过程中训练自己积累阅人技巧，学习阅人智慧。

给予评价的过程至关重要，因为我们对别人的评价精准与否，直接影响着我们能否解密识人的玄机，成为阅人高手。因此，我们在评价别人时要特别注意，评价是积极的还是消极的不重要，重要的是一定要精准。要想做出精准的评价，就需要我们在阅人时一定要保持冷静，做到公正客观、不偏不倚。

其实，生在繁杂的社会，身处复杂的人际关系网中，想要做到冷静客观并不容易：对熟人进行评价时，由于饱含感情在里面，难免带着我们自身的偏好；即使是面对陌生人，我们给出评价时也往往会受到外界因素的影响。

但这并不是说我们对此就无计可施，如果我们对下面提到的几点格外注意，并按照其中给出的方法去做，相信我们再评价人时，就会更加客观了。

别让感情亲疏误导了你

《韩非子·说难》中有篇智子疑邻的成语典故，大意是说，一场大雨过后，有一家人的院墙被浇坏了。主人的儿子出来提议，说要小心提防，夜里可能会有小偷光顾。有位邻居也好心地出来提醒，说要做好准备，防范有人会在夜里来偷盗。可是主人没有听取他们的建议。不料当天晚上，这户人家果然失窃了，这时主人才后悔莫及。然而，在主人看来，儿子想到夜里可能有人要来偷盗，是聪明机警的表现；而对于邻居也过来提醒这件事，在这家主人看来，这位邻居则是可疑的，他有可能心存别的目的。从这个故事中我们可以看到，虽然自己的儿子与邻人说的是同样的话，可是在主人听来意义却不同，因此才有截然不同的反应。之所以出现这样的差别，就是感情亲疏关系在作怪，它误导了主人对他人的评价。

俯察自观，生活中的我们其实也像故事中的主人一样，常常受到感情亲疏关系的影响。我们对亲人、好朋友的评价往往用过多的积极词汇，而对我们的竞争对手、和我们有过节的人评价中往往负面因素居多。这时我们心中评价人的标尺就已经倾斜了，对人做出的评价当然不够客观，也会影响我们阅人之术的养成。

因此，在阅人时，我们一定要保持清醒，摆脱感情关系的束缚，把人们放到平等的位置上，冷静客观地进行分析，做出公正的评价。

个人的喜恶要不得

每个人都有自己的喜恶，俗语"萝卜青菜，各有所爱"说的就是这道理，这就像是世界上没有两片完全相同的叶子，而每个人都有自己独特的性格一样属于正常现象。

小艺从小就喜欢安静，善于思考，是个聪明娴静的女孩子。她不喜欢热闹的气氛，也因此很不喜欢那些爱制造热闹气氛的活跃分子。在她看来，那些性格活泼爱热闹的人往往都不可靠，无法高效地将工作做好。因此，在公司欲安排她与另一位很活泼、爱凑热闹的同事小兰一起完成一项很有挑战性的任务时，她觉得很为难。她认为与这样的人合作不会很好地完成任务，而如果任务失败将对自己在同事和领导心中的形象有影响。因此，虽然不愿意失去这次表现的机会，考虑到可能出现的不良后果，她还是选择放弃了。于是领导把这份任务交给了小兰和另外一个同样很活跃的同事，结果不久之后，两位同事就把任务出色地完成了。这让她大为惊讶，对自己的判断产生了怀疑，同时也很懊悔自己当初没有抓住机会。

故事中的小艺正是由于自己的喜恶作怪，在评价人时加上了个人情感，没有客观公正地对人做出精准的评价，才导致自己不能准确阅人识人。由此可见，在阅人识人过程中，不能带有个人的喜恶。

我们要成为阅人高手，就必须控制好自己的个人情感，在阅人过程中，尽量理智看人、公正对人、客观读人，这样才能得出精准的评价，带有偏见色彩的个人喜恶千万要不得。

不要被舆论力量误导

初到新的生活环境，我们所了解到的关于这个新环境的各种信息中，有很大部分是从别人的口中得到的。而这些从别人口中得来的信息的可信度往往是不同的，有的是客观的介绍，而有的却加上了介绍人的个人情感。

如果别人只是客观介绍事实，这固然是给了初来乍到的我们很大的帮助，但是如果他们的介绍中饱含了个人情感，而我们又全盘接受了这些信息，那么我们很可能就在这些舆论的作用下不知不觉地戴上了"有色眼镜"。

　　小安刚刚进入一家公司工作,对工作流程、人员分配、各位同事及老板的性格等一无所知。还好有位热心的同事主动给她讲解工作中各个环节的操作,并介绍各位同事及老板的性格特点。

　　从这位热心的同事口中,小安得知自己要做的工作其实十分辛苦,并且老板很挑剔苛刻。他在对同事感激之余,也难免会有些失落:自己经过层层面试考核,好不容易得到这份工作,没想到竟是这样子。但是他再一想,情况未必像同事介绍的那么严重,再说自己好不容易应聘成功了,就先努力做好本职工作吧,其他的事情过一段时间再做打算。

　　然而工作一段时间后,细心的小安发现,工作其实并没有同事描述的那么辛苦,只是稍微有些烦琐,这对于耐心做事的小安来说,并不是太难应付的事;同事给予良好评价的人多是她工作中的好朋友,而那些评价不高的,恰是平时与她关系不是很和谐的人;老板也不像那位同事说的那样挑剔苛刻,只是做事有些古板、不轻易夸奖人而已。

　　多亏小安细心谨慎,有自己的主见,才没有受到同事的影响,正确认识了自己的工作以及老板。我们也应该多学习小安,在舆论面前保持冷静客观,分清哪些是客观可信的,哪些是带有个人情感,需要自己主观判断的。对于带有个人情感的信息,要留心观察思考,做出自己的判断,切勿戴上"有色眼镜"看人。

　　以上提到的是尤其需要我们冷静分析,保持客观态度的三种情况。其实,先入为主的印象、思维定式的影响,都会影响到我们对他人的判断,因此我们要擦亮双眼,多训练自己,看人时一定要保持公正客观的态度。

走上阅人的道路，要解秘识人玄机，就要求我们在面对感情亲疏的差距、个人喜恶的不同、舆论力量的误导等不利因素带来的影响时，保持清醒冷静的头脑，公正客观地评价判断。

睁开读人法眼，见树木更要见森林

当我们了解了怎样从细节处了解人心的时候，我们也不能断章取义，过分强调某个细节中的信息而忽视了从整体上对不同信息的把握。只有将不同细节联系起来，洞察这些信息背后的隐藏意义，我们读人的过程才能卓有成效。

兰兰最近很不开心，原因是她发现她新交的男朋友现在的表现和两个人交往以前的表现相差特别大。她的男友是个商务人士。以前两个人刚刚认识的时候，兰兰对他的印象很好。他总是穿着得体，彬彬有礼，最值得注意的就是他每次就餐后都会把用过的餐具有条理地摆放在桌子上，桌面也非常干净整洁；两个人一起出去时，他对周围的人总是很礼貌，总是在力所能及的范围内为他人提供方便。兰兰把这些细节看在眼里，心里非常高兴。因为她相信只有从细节透漏出的个人性格信息才是真实的，而她所看到的恰好能证明她认识的这个人是个非常优秀的男士。他的餐具摆放良好，说明他有爱干净、有条理的生活习惯；他的礼貌和乐于助人说明他良好的教养和善良、大度的心胸。可是，随着两个人交往的深入，兰兰却越来越失望。因为她发现她的男朋友变了，和以前她所看到了解的他相去甚远。他的个人物品摆放混乱，做事也并不条理清晰、井然有序；他为人很自私，不太顾及他人的感受，而且性格暴躁，爱发脾气。兰兰不明白是自己当初的判断失误还是有什么原因促使了男友的巨大变化。如果说是刻意在她面前表现来赢得她的好感，可是他在同事面前的表现也是这样的。兰兰很疑惑也很苦恼，找不到事情的原因。

兰兰的情况在日常生活中并不少见。很多人都发现一些自己熟识的、自认为十分了解的人有一天开始变得和自己以前所了解的那个人大相径庭。这时，人们总会以为是因为某种原因促使他们发生种种变化，其实不然，那些人天性如此，而是人们的判断产生了失误。

其实，兰兰男友的事情不难理解，是兰兰对男友最初的分析判断产生了偏差。虽然我们应该通过细节来分析一个人的性格信息，我们也不能过分强调某个细节的作用而忽略了其他信息，不能因为某个明显的细节就忽略了其他细节。我们知道，良好的就餐习惯往往同某些职业联系在一起，并不一定是教养使然。而得体的穿着和良好的待人方式也是某些职业的特征之一。兰兰的男友是个商务人士，而商务人士会经常性地应酬，而应酬中礼节和待人方式则显得非常重要。因此，兰兰眼中男友曾经的优点并不是性格使然而是职业使然。兰兰却忽略了职业这一重要细节因素，过于注重某个细节，最终导致了对男友的错误判断。

因此，注重细节固然重要，我们也不应该局限于某个细节而忽视其他的细节，应该从整体上把握这些细节，做到既看得到树木，又能够看到森林。那么，怎样做才能既把握住细节，又能从整体上把握诸多细节的作用呢？看看下面的几点将会对您有所帮助。

谨慎分析，小心被某个细节迷住双眼。有时候，我们很可能轻易地就能发现他人体现出的非常明显的细节信息。这时，我们不能大喜过望，认为有了这样一个明显的细节就武断地进行判断，而忽略了寻找其他方面的细节。这样很可能会造成细节信息的片面性，导致解读心的片面性，最终影响了我们阅人的成效，甚至因此带来消极的后果。前面的例子就是一个很好的前车之鉴。

平心静气，继续寻找有用信息。当我们有了非常明显的细节信息之后，还应该保持平静的心态，不能过于欣喜或满足，还应该继续在细节处进行寻找。能够帮助我们探寻人心的信息永远都不嫌多。只有获得充足的信息，我们才能够对人进行准确的判断；只有信息足够全面，我们的判断才能够更加准确客观。虽然，有些信息具有很大的代表性，仅凭这些信息就能够得出准确的结论，但是，我们还是应该谨慎为好，这样才不至于在阅人的道路上走太多弯路，甚至造成不必要的麻烦。

分析信息，从整体上把握信息传达的意义。当我们尽可能地获取信息之后，我们就来到了最关键的一步——分析信息。信息分析的结果决定着我们阅人的质量，因此绝不能草率马虎、粗心大意。每个信息都有其自身的隐含意义，我们所要做的，就是将这些隐含意义找出来并进行整体上的加工整理。这不是将各个信息的意义简单地和在一起，而是将信息去粗取精，去伪存真，从整体的角度获取信息的有用部分。这样，我们才能从整体上把握信息，获得准确的判断。

为了在阅人的过程中获得满意的成效，对细节的整体把握非常重要。只有在注重明显细节，不忽略隐藏细节的基础上分析判断，才能得出准确的阅人结论。

阅人不能"盲人摸象",不能仅凭一些现象就盲目地做出判断,而是应该在细节的基础上把握整体特征。但是,阅人也不可"画蛇添足",在整体分析中过分自信,加入个人的主观看法,要始终冷静、客观。

高手必备术,好问题才有好答案

很多时候,在与人交往过程中,我们不可避免地要通过提问来获得我们想要的信息。我们发现,本质相同的问题,用不同方式提问,得到的效果也往往不尽相同,因为善问问题会帮我们更容易地找到答案,使我们的沟通更加容易。而善问问题也正是我们需要学习的阅人技巧之一。

在与人交往时,我们要善于揣摩对方心理,体察对方涉世深浅,这样我们才能在人们的交谈中使用各种各样的语气,例如陈述的、感叹的、疑问的等。如果我们能够掌握其中的奥秘,我们就能在交谈中占尽先机,掌握谈话的主动权。在我们平时的交谈中,很多是以问号结尾的,即提出问题,从对方的回答中得到我们需要的信息。

在生活中,我们会发现,有时我们的问题能够起到抛砖引玉的作用,比预想的知道得更多,而有时却是一无所获、无功而返。这差异的关键就在于我们是否善于提问。

杨澜的访谈录大家一定都有所耳闻，她在主持节目时每次都会问嘉宾一些非常精妙的问题，而这些问题往往都是对方最想说出的问题，并且她提问的方式很讲究。比如在韩寒参加她的访谈录那一期里，当涉及要问韩寒关于他赛车的问题时，杨澜问道："你现在真的把赛车当做一个专业来做，是吗？而不是说像一开始很多人都觉得你是在玩票而已？"当时的情况是韩寒又玩赛车，又发唱片，很多人认为他是喜欢显山露水，玩赛车只是在玩票而已。为了让大家明白韩寒到底是怎么想的，杨澜提了这样一个问题。她没有直接说"你玩赛车是在玩票而已吗"也没有直接说"很多人都觉得你是在玩票而已，是这样吗"而是先用设问句确定韩寒是把赛车当做专业来做，而且强调说只是"一开始"有很多人觉得他在玩票。这样会使人觉得不那么尴尬，也使这个问题更容易回答，这时嘉宾自然会愿意回答她的问题，澄清别人对自己的误会。

　　杨澜正是因为善于提问，才在交流中收到了良好的效果。要成为阅人高手的我们，也要学会问对问题、善问问题，这样才能在交往中轻松得到我们想要的收获。

　　既然问对问题能够帮我们事半功倍地做事，那么我们到底应该怎样问问题，才能达到抛砖引玉的效果呢？记住下面的问话技巧，一定能够提高我们的提问水平，在交往中游刃有余。

　　明确要问什么。

　　提问一般只是经过浓缩的一句话，因此，一定要用语准确、简练，以免使对方听起来感到含混不清，产生不必要的误解。问题的措辞也很重要，因为很多时候我们提出的问题可能会使对方陷入窘境，引起对方的焦虑与担心。因此，在措辞上一定要慎重，不能有刺伤对方、为难对方的表现。即使我们是谈判中的决策人物、核心人物，也不要为了显示

想洞悉别人，先完善自己

自己的特殊地位，表现出居高临下、咄咄逼人的气势，否则，我们问的问题就会产生相反的效果了。

要更好地发挥提问的作用，提问之前的思考与准备是十分必要的。思考的内容包括我要问什么，对方会有怎样的反应，能否达到我的目的等。必要时也可把提出问题的理由解释一下，这样就可以避免许多意外的麻烦和干扰，达到我们提问的目的。

知道怎么问。

问话的方式非常重要，提问的角度不同、方式不同，引起对方的反应也不同，那么我们得到的回答也就不同。对于一些显而易见，并且容易回答的问题，我们可以直接提问，以便快速找到答案。但有时候我们想问的问题对方不方便或者不愿意回答，如果我们直接提问的话可能会引起对方的反感，这样双方都会十分尴尬，所以我们要采取间接的方式，让对方把我们想要得到的信息说出来。

我们都知道，在数学中有个公式：如果甲＝乙，并且乙＝丙，那么甲＝丙。交谈中我们也可以利用这个公式的原理来提问，来达到我们的目的。具体说来就是，如果我们想问一个问题，但又不好直接发问，便可以问一个与之相关的问题，但我们要保证对方回答了这个问题，就相当于回答了我们想要问的问题。这样，我们就会从对方口中得到我们想要的信息。举个简单的例子，如果我们想知道一个不太相熟的朋友是否有女朋友，但又不好意思直接发问，我们便可以采取这样一种问法："你周末要陪你女朋友吗?"并从对方的回答中做出判断。这样，既避免了直接问的尴尬，又能得到我们想要的答案。

找准提问的时机。

提问的时机也很重要。它直接决定着我们的问题能否得到圆满的回答；在交谈过程中能否起到积极的作用。因此，抓住时机，巧问问题，能够在交往中带来意想不到的收获。相反，如果我们没有找到恰当的时机，问错了问题，就会出现消极的后果。

当我们与人讨论某一问题时，应该待对方充分表达他们的观点之后再提出我们的问题，因为过早地提问会打断对方的思路，并且显得不礼貌，而过晚的提问会影响对方回答我们问题的兴趣；当对方谈话的内容自觉或不自觉地偏离我们想要交谈的话题时，我们就要抓住对方停顿的时机提问，通过这种方式把对方引导到我们希望的话题上来；当交流过程中对方出现沉默现象时我们就要注意了，如果他们是思考性的沉默，我们可以等待他们思考后的回答，但若他们是因为不知道说什么而沉默，我们就要通过提问让对方将他们的想法表达出来。

考虑对方的特点。

在提问时，我们也要充分考虑到对方的特点，具体问题具体分析，根据不同人的性格特点采取不同的提问方式，这样才能够对症下药，以达到避免尴尬、快速得到信息的目的。例如，如果对方坦率耿直，那么我们向他提问时就可以采用直接且简洁的方式。这时再用间接法，显然没有必要，甚至还会引起对方的反感。如果对方是个爱挑剔、喜欢抬杠的人，那我们就要注意我们的提问一定要周密没有漏洞，以免对方会排斥回答我们的问题。总而言之，不同的人我们要采取不同的提问方式，只有这样才能最大限度地保持交谈氛围的和谐，才能让我们的阅人技巧得到最切合实际的体现和发挥。

综上所述，在交往中注意提问技巧的使用，在提问问题时，选择合适的方式和时机，善问问题，就会达到抛砖引玉的效果，轻松找到我们想要的答案。

想洞悉别人，先完善自己

生活中，我们不可避免有些问题要向别人请教，学会问问题的技巧，选择恰当的方式，找准正确的时机，善问问题，才会得到满意的效果，使我们的交往过程更加顺利。

看人也要随机应变，注意例外情形

我们是不是常常遇到这样的情况：当我们自信满满地对某件事或某个人进行估测的时候，结果却偏偏出乎意料？这不一定是因为我们得到的信息不正确或是方法不得当，而是因为我们忽略了很重要的一点——例外。

孔子云："以貌取人，失之子羽；以言取人，失之宰予。"虽然从一个人的言行举止以及细节可以推测他的内心世界，但是人们的外在表现往往会受到客观环境的影响。有些我们看似习以为常、理所当然的事情，在实际上却与事实大相径庭，这就是例外情形。因此，将实际和例外结合的分析显得尤为重要。有两种情形非常值得我们注意。

为了迎合你而故意表现出美好方面的人

我们常常遇到这样的情况：初次赴约的人光鲜亮丽，举止谦和，可是熟识之后，原本的体面礼貌变得庸俗暴躁；开始一项新工作的人积极勤奋，干劲十足，可是过了一段时间之后，努力勤奋的员工变得懒散迟钝；新结识的人大方随和、宽容无私，可是深入交往后，随和宽容的朋友变得计较自私……

之所以会出现这样的转变，是因为人们出于不同的动机，通过改变自己的外表、行为和语言来迎合别人的期望，掩饰自己的真实想法。而等到熟识之后，取悦对方的欲望消失，人们就会还原为本来的自己。因此，那些美好的形象往往只是暂时的，经不起时间的考验。

面对这样的人，我们一定要小心提防，因为他们所表现出的信息往往都是错误的，是为了迎合不同的人而精心定制的讯息。如果我们得到的仅仅是假象，就无法做出正确的判断。那么，怎样才能分辨出人们所表现的是真实的自我还是伪装下的另一副面孔？看看下面的几个要点希望对大家有所帮助。

听其音：从某种角度来说，一个人越在乎的东西往往就是他没有的东西。举个例子来说，一个人很注重自己的衣着打扮，就很有可能暗示着他对自己的容貌不够自信；一个人若是吹嘘自己的才能，也许是因为他知道自己的才能方面有所欠缺。总而言之一句话，有的时候人越炫耀什么，自己很可能越缺少什么。作为阅人高手，一定要细听起因，不要被其表面现象迷惑，而是应该透过现象看本质，一眼洞悉对方内心深处的真实想法。

思其行：初次见面，为了更快地了解对方，我们不能只通过一些简单的语言信息就妄下决断，还要通过对方的行为来判断他的性格真相。比如寡言少语的人往往性格比较古怪孤僻，这种人也许有很多的想法，只是不善用言辞表达而已。相反，有些人夸夸其谈，看似见多识广，其实内心一片空虚。所以要想看清对方的真面目，我们一定要认真打量对方的行为，不要错过他们举手投足间的任何蛛丝马迹，只有这样才不会被表象所蒙蔽，最终做出自己最正确的判断。

观其面：在生活中我们总是爱犯这样一个错误，那就是总是相信自己对别人的第一印象。然而这种印象总是会给我们带来一种错觉，使我们偏离了正确的阅人轨道。所以不管什么时候，我们都要本着越是美好的方面越应该引起注意的方针政策。因为每个人都会故意美化或掩饰自己的缺点和不足，得体的举止和恰当的话语并不一定是对方真实性格的体现。

其实有时候，人们并不是因为这样那样的原因导致性格发生了变化，而是他们的天性本是如此，他们在不同的动机之下改变自己。而一旦动机消失，他们就会恢复庐山真面目。

综上所述，我们不难看出，如果你想成为一个阅人的高手，就必须要掌握这样三个关键点，首先，要在不同的情况下留心观察，彻彻底底地了解对方的真正用意。其次，结合不同情境判断分析哪些行为是真实的，哪些行为是因需要表现出来的，以免在无意中上了别人的圈套。最后，我们还要认真地观察对方的原本个性，切勿只注重表面现象而使自己在今后吃亏上当。

善于撒谎的人

言谈是我们获取对方信息的重要途径。然而，人与人之间并不都是以诚相待的，要是这样的话，我们的生活也会因此简单许多，也就没有阅人的必要了。

大部分情况下，人们会为了回避自己不愿提及的事情而通过说谎来加以掩饰。这些谎言除了为了应付毫无准备的情况而临时编造的之外，也可能是经过事先深思熟虑的，比如员工为迟到而编造的各种理由，这样的谎言前后一致，很难看出破绽，因此需要我们加以验证。

还有一类善于说谎的人，他们既罕见也常见，他们有一个最明显的特征——他们的职业使然。这类人不会随便撒谎，他们的谎听起来总是合情合理。比如推销员宣传他的产品，客服人员掩盖他的失误。

说谎是人的天性，是人们在特定场合保护自己的一种方式。然而，要想获得准确的信息，准确地推断出人们的性格特征，判断言谈的真伪尤为重要。那么，怎样才能辨别对方是否在撒谎呢？看看下面几点建议希望对大家有所帮助：

行为中的端倪：在交谈的时候，一旦对方在讲话时做出瘪嘴角、摸脖子或者下意识地退缩比如退步、双臂十字交叉等一系列的动作，那么就一定要小心了，因为这很可能表明他的话并非出自自己的本意。

语言中的探究：一旦对方讲话时词汇多次产生重复，个别地方音调过高，那么就一定要小心防备，因为那很可能是他在说话的时候产生了心虚的表现。

瞳孔里的秘密：在交谈的时候，如果对方在说话的时候不断地眨眼，神色躲躲闪闪，那么不用质疑，他很可能对你隐瞒了什么。此外如果一个人在微笑的时候眨眼证明那是真情流露的表现，但是当你看到一个人在微笑的时候没有眨眼，那么他的笑容很有可能是一种虚情假意的表现。

在阅人过程中，识别对方是否在撒谎至关重要，因为如果我们获取了错误的信息，对对方轻下判断，就会导致我们偏离阅人道路的正确方向。

因此，作为阅人高手，我们一定要牢记，对于偶尔说谎者，我们可以通过他们的表情、肢体语言以及声音寻找到他们说谎的痕迹，从而识别他们的谎言，避免上当受骗；对于习惯说谎的人，我们可以分析其谈话的逻辑以辨别真伪，来辨别他们的话语中哪些是真实的，哪些是虚假的，进而汲取我们需要的，并忽略那些错误的信息；而职业说谎者的外在表现以及谈话逻辑一般没有漏洞，这时我们要尽量通过第三方证实事情的真伪，以免给我们带来不必要的麻烦。

阅人笔记

凡事总有例外，我们在阅人过程中也不可武断大意、妄下断言。曹雪芹说："世事洞察皆学问，人情练达即文章。"想成为阅人高手，就要随机应变，考虑周全，在平常的细节中发现不同之处。

知人识人，方可左右逢源

社会是由形形色色的人组成的，要想在社会上生存，就要学会在复杂多变的情况下把握不同人的心理与行为特征，认人识人，在各种场合下都能左右逢源。

滚滚红尘中的众生相

不同的人不仅长相千差万别，就连个性也是迥然不同，有的人文静，有的人活泼；有的人正直，有的人虚伪；有的人真诚坦率，有的人含蓄敏感……真是红尘众生相。

人的个性包含气质、性格等多方面。了解人的气质类型以及其特点，对我们阅人有很大帮助。有人曾说，人出生时就像一张白纸，我们可以在上面任意勾画出不同类型。但是，人却有许多与生俱来的特质，是不受后天环境影响形成的。例如，我们经常可以听到有人描述一个人"性子急"，这里讲的急性子或慢性子就属于先天的气质。

四个人去看戏，但都迟到了，按照惯例，检票员不应该让他们进去。第一个人立刻面红耳赤地与检票员吵了起来，声称自己有票，一定要进去；第二个人头脑灵活，他想，检票员是不会让他们进剧场的，他绕剧场一周，发现了一个无人看管的边门，就溜进去了；第三个人很有耐心，他慢条斯理地与检票员磨嘴皮子，阐述自己想进去看戏的种种理由，在他的软磨硬泡下，检票员动了恻隐之心让他进去了；第四个人首先想到的是自我责难，认为是自己运气不好，难得出来看戏就碰上这等倒霉的事情，算了，还是回家吧。

通过这个故事，我们可以看到在同样的情境下，人们的表现方式却各不相同，而这种不同的表现方式正是由于人气质类型的不同导致的。这四个人的不同做法分别代表了四种不同气质类型的人在面对同一件事时的不同解决方式。

那么所谓的四种典型的气质类型到底是哪四种呢？他们又都具有怎样的个性特点呢？下面就为你解开不同气质类型人个性特点的秘密。

早在 2500 年前，古希腊著名医生希波克拉特就提出了体液说，并把人分为胆汁质、多血质、黏液质和抑郁质四种气质类型。

多血质的人

气质类型属于多血质的人一般人际交往能力比较强，即使是面对陌生的环境时，也会快速适应。他们敏捷好动，精力充沛，无论是学习还是工作都会有较高的效率；乐于与人合作，有很强的事业心；对于新鲜事物能够迅速很好地把握，积极性高；往往有很好的自制能力，遵守纪律；他们虽然兴趣比较广泛，但是一般不会保持很久，感情也易发生变化，挫折或是不顺心的事情会使他们热情消失，因此做事容易半途而废。这种类型又可称为活泼型。

胆汁质的人

气质类型为胆汁质的人往往情绪容易激动，他们反应快速，行动比较敏捷，讨厌拖泥带水；情感表现往往很强烈，无论是在语言、动作，还是神态方面都是如此；面对困难和挫折时往往具有坚韧的意志和不服输的精神，但却不善于考虑自己能否将困难解决；他们性子急躁，容易爆发，不善于控制自己的情绪；在工作时有克服困难、面对挫折的心劲，可是如果缺乏精力，热情耗尽时，往往会对自己失去自信。

黏液质的人

气质类型为黏液质的人大都行动缓慢，会严格地遵守生活中和工作中的纪律法规。他们往往具有执著的精神，在生活中勤劳而且稳重；他们大多沉稳安静，不会无故与人泛泛地交谈，不爱发脾气，情感一般不外露；有高度的自制能力，为人比较低调，不轻易显露自己的能力；他们做事比较执著，可以长时间为坚持自己的目标而努力不懈，会井井有条地完成自己的工作；他们遇事大多不慌不忙，做事严谨认真。不过他们的缺点是做事时不懂得变通，不能灵活地处理事情；具有惰性，习惯墨守成规地做事。

抑郁质的人

气质类型为抑郁质的人往往多愁善感，易动感情；聪明智慧，做事认真仔细；敏感细致，常会觉察到别人不易发现的细节；对环境的变化很敏感，感受能力很强，感情也比较强烈。容易怀疑别人，个性比较孤僻清高。做事时行动缓慢，容易优柔寡断，比较胆小怕事。

了解了不同气质类型的人的特点和典型表现，我们就可以把对周围人已知的信息与上面的描述相结合，将周围的人与四种气质类型对号入座，从而推断出未知的部分，帮助我们知人识人。但是需要指出的是，每种气质类型都有其所长，也有其所短，因此我们每个人都各有优缺点；气质类型不轻易改变，因此我们才能够根据某人的气质类型推断其某些心理行为上的特征。

通过上面的分析我们可以看到，不同气质类型人的个性真是各有不同，这就会导致人们处于同样的情境时表现方式也会截然不同，这些具有不同表现的人们构成了滚滚红尘中个性迥异的众生相。仔细观察分析人的不同表现，了解他们的气质类型会为我们的阅人识人提供很大的帮助，从而助我们快速成为阅人高手。

我们每天都在和形形色色的人打交道，这些人往往性格迥异，各自有独立的特征。根据他们的外在表现，找准他们属于哪种气质类型，能够帮助我们进一步分析其人格特征，达到我们识人阅人的目的。

慧眼识人，解密血型的神秘档案

血型里隐藏着人类的性格基因，不同的血型往往决定着人不同的气质和性格。因此，科学地利用血型知识，可以在帮助我们妥善处理错综复杂的人际关系的同时，在识人方面给我们提供可靠的依据。

人的气质、性格都与血型有关。不同血型的人交往方式和行为习惯都有所不同。因此，我们在交往沟通时要小心谨慎，与不同血型的人处世时要根据他们的不同特点采取不同的方式，这样才有助于我们将事情顺利地完成。

既然人的性格与血型有密不可分的关系，血型影响着人的性格，那么我们就可以通过了解一个人的血型来知晓他的性格档案。在此基础上，我们就可以根据人的不同性格选择与他们的沟通方式，帮助我们处理好与周围人的关系，同时丰富我们的阅人技巧。

下面就让我们看看四种不同血型人各有什么不同的性格特征。

O 型血

O 型血是人类最早出现，也是最基本的血型，同时也被称为"万能血型"，他们性格中最突出的特点就是"现实"。他们往往很明智，生得强壮，具有吃苦耐劳的品质；在追求目标时常常精力充沛，并且有极强的适应能力；他们极少会有不知所措的时候，但他们的内心世界并不丰富；他们往往充满好奇、野心勃勃，再加上他们天生的勇敢无畏，使他们总是拥有无穷无尽的能量；常常是作为领导者及决策者的形象出现，也常常会否认自己的依赖性。

相比较其他血型来说，O 型血的人更容易成为公众偶像，这要归

知人识人，方可左右逢源

31

功于他们身上由内而外散发出的自信、专注的气质；他们也比其他血型的人更加容易走向成功，这是因为他们务实，充满了吸引力，同时他们的自信往往容易感染周围的人，使大家也对他们产生深厚的信任感。

由于 O 型血人性格特点使然，他们不喜欢别人凡事都爱讲道理，不大注重细节，因此与他们交往时要特别注意不要揪住一个问题大讲道理而不放，也不必太在乎细节小事。

A 型血

A 型血紧随 O 型血其后诞生了。这种人气质表现都很优秀，我们可以明显看到他们身上有许多优点，例如他们大多诚实努力、积极向上；集体意识极强，一般富有协作精神；做事时往往一丝不苟，能够很好地胜任需要思维缜密、思考周全的工作；具有很强的忍耐力及强烈的责任感和使命感；具有奉献精神和牺牲精神，甘当无名英雄；重视家庭生活，具有很强的伦理感，从来不做越轨的事情；富有计划性，并且踏实稳重，对改善现状及改良社会感兴趣。不过，A 型血人最突出的性格特点却是思考与测算。

A 型血人不属于行动派而属于思考派。在做事之前，他们要深思，使事情合乎逻辑和道理，还要考虑自己能否胜任等各个方面，直到有了确信之后才去行动。他们喜欢按部就班，做事极有条理，其原因就是他们会事先算好要做到的每一个细节，统筹安排全局。这样的人做事即使不是很出色，也往往让人挑不出错处来。只是这种算计的性格有时显得顾虑太多、优柔寡断，甚至会给人一种过于偏执的感觉，但这是他们与生俱来的性格，并非有什么恶意。

因此，在与 A 型血的人交往时，要特别注意不要试图改变他们做事的步骤，因为他们往往已经做好统筹工作，做了周密的计划，只等按部就班完成了。

B 型血

B 型血的人多会给人开朗乐观、喜爱交往、爱凑热闹的印象；他们对名利等很淡泊，有时甚至会给人冷漠不太有礼貌的感觉，其实这正是他们本真的态度使然；他们不注重交际手腕，与人交往时往往开门见山；待人真诚，不会耍心眼，富有同情心和爱心；他们不会对不同的人区别对待，没有偏见；对变幻着的大千世界非常感兴趣，自由是他们人生追求中的最大的目标。

B 型血的人往往对工作很热心，热爱生活，面对困难时也会有坚强的毅力；做事干脆利索，需要做判断时果断迅速；做事不善于分析思考，而常常是全凭自己的直觉和印象做事，比起事情的结果，他们更注重做事的过程；他们很重视目前的生活，觉得把握好目前的生活才能期望更好的将来；但他们爱通过反对别人的意见来表现自己的自我意识，不过往往没有什么恶意，对人对事会比较挑剔。

B 型血人很容易与人交往，也很容易相信别人。但是鉴于他们看重自由、追求自由的特点，当我们与他们交往时，切忌给他们规定太多条条框框。

AB 型

AB 型血的人往往在不同时候具有不同的性格特点，会让人觉得难以琢磨。他们身上充满着神秘色彩和吸引人的魅力；有时很内向，有时又表现出外向的性格；认知能力强，因此常以冷静的态度处世，充满理性；创造力和直觉能力都很强；情绪不容易外露，常隐藏自己的情感。

这种血型的人往往能够很快适应周围的环境，善于在不利的环境中把握有利因素；看待事物有自己的独到之处，能快速看穿事情的关键在哪里。能够周到又圆滑地与人相处，是一个有弹性的人；会公平对待任何人，态度温和，他们不喜欢与人辩论，非常讨厌背叛和欺骗。

在与 AB 血型人交往时，要避免与他们争论不休。同时如果是想真

知人识人，方可左右逢源

心与他们交往，他们会友好待人；但若是虚情假意，最好还是不要与他们交往，因为他们会凭自己较强的认知能力及敏锐的直觉看穿人的心思。

总而言之，各种血型的人都有自己独特的性格特点和为人处世的方式。了解人的血型能够帮助我们更好地看清一个人的性格特点，并指导我们用不同的方式与人交流，这样我们与人沟通时就会变得更加方便。

了解了不同血型人的性格特点之后，我们就可以将身边的人归入不同的血型档案，为我们阅人识人提供可靠的依据。

玄妙人心，星座帮你拨开迷雾

你知道吗，夜晚的天空中那一群群光闪熠熠的星座实则同人类的性格有着很大的关联。现在就让我们走进这些神秘而又美丽的星座，探寻有关人类性格的密秘。

生活中，我们很难知道他人在想什么。哪怕是非常熟悉和了解的人，我们也很难摸透他们的心思。正因为这样，他们有时会做出在我们看来出乎意料的事情。而面对同样的事，不同的人也会做出不同的反应。也因此，人心变得玄妙难测，难以捉摸。这不禁让人产生疑惑，究竟是什么导致了人们这样的状况。

其实，每个人都是独立的个体，都有其天生的特质，和感触事物的方式。而这就不得不提到一个和性格有着密切关系的因素——星座。星座代表了在不同的天体影响下的不同时分、季节出生的人群的总体性格倾向。现今，很多国际知名大公司也常常将其作为考察员工性格特征的依据。因此，了解星座与性格的关系可以帮助我们拨开重重迷雾，了解人们真实的内心世界。那么，星座和性格究竟有着什么样的关系呢？不同星座的人又有什么样的性格特征？看看下面的星座知识，一定会对你有所帮助。

白羊座（3月21日~4月19日）

这是一个有着赤子之心、积极热情、对生活充满了无限斗志与梦想的星座。他们对世界充满了好奇，并且不惧困难艰险，力求变化和创新。尤其是在面对压力时，他们往往会越挫越勇，总是充满活力与激情。他们属于行动派，有着很强的自我意识和主观意识，充满了自信但是同时又很固执。他们不是听天由命的人，而是主动争取或是为自己创造机会，并且总是迎难而上，坚韧而顽强。他们做事冲动，有时会有些情绪化，但是，他们也不会因此而失去了理智，是非常适合在压力下工作的人。

和白羊座的人相处，一定会让你感到活力和激情。但是，他们孩子气的性格会有些让人难以适应。因此，要保持宽容的心态适应他们的多变和情绪化，并且适当迎合他们的活力与创新。他们是不喜欢一成不变的。

金牛座（4月20日~5月20日）

这个星座的人有着温和的魅力。他们做事慢条斯理、有条不紊，总是考虑后再行动。因此，金牛座的人从来都做有把握的事情。他们似乎天生就有忧郁和压抑的性格，也因此，当他们的不快情绪积累到一定程度时，就会如同火山一般地爆开。在十二星座中，金牛座算是工作最勤勉、最坚韧不拔的。他们务实、真诚、负责、可信，非常值得依靠。他们也是十二星座中最具艺术气质的星座，对美的事物天生具有敏锐的感受力。

金牛座的人都是慢性子。因此，和他们相处时一定要耐心十足。他们不喜欢被他人打乱做事的步调，也不喜欢受到束缚。他们对感情很慢热，因此和他们做朋友需要时间，但是，一旦他们认定你，就会对你非常真心。

双子座（5月21日~6月21日）

这是一个多变的星座。双子座的人是典型的乐天派，他们通常很有才华，头脑聪明灵活，思考速度快。无论在做事上还是交往上都很有一套。但是，他们的善变会让他们表现出明显的两种或多种人格，因此令人难以捉摸。他们有些喜新厌旧，很难在一件事上长久保持自己的注意力，改变主意也比一般人快。他们热爱自由，不喜欢束缚，总是追求变化和创新。

双子座的人热衷变化。因此，不要妄想控制他们。不仅要适应他们的速度，还要积极迎合他们追求变化的口味。也许，他们的捉摸不定会让人感到痛苦，但是他们新奇的主意和点子也往往让人感到愉快和轻松。

巨蟹座（6月22日~7月22日）

这个星座的人心思细腻，缺乏安全感。他们有敏锐的洞察力，而且自尊心也很强，因此有时会显得有些高傲。他们有些缺乏安全感，是属于感情丰富、乐于助人的一类人。大部分巨蟹座的人性格内敛深沉，他们很传统也很恋旧，并且热爱学习，非常力争上游。他们有很坚韧的耐力，一旦他们认定了某事，就一定会坚韧不拔地走下去。这个星座的人喜欢探查他人的秘密，但是却不轻易流露自己的感情。

和巨蟹座的人相处不能表现出多变的一面，因为他们的缺乏安全感会使你失去他们的信任。他们喜欢安定的感觉，因此适当地关心一定会迎来他们的好感。同时，一定要注意维护他们的自尊与面子。

狮子座 (7月23日~8月22日)

这是一个高傲的星座。他们有些热爱虚荣，喜欢排场。他们喜欢交朋友，做事激情十足，但是有些粗枝大叶。不过，他们对朋友很讲义气，慷慨大方，很受周围人的欢迎，是最具有权威感与支配能力的星座。他们都很上进，并且积极乐观，喜欢他人的关注和赞美。

和这个星座的人相处并不麻烦，因为他们喜欢交朋友。不过，做他们的朋友就要适应他们的支配欲。他们也很骄傲，因此，要注意维护他们的优越感和自豪感。

处女座 (8月23日~9月22日)

处女座的人追求完美。正因为如此，他们个性挑剔，无论是对自己还是对他人。这样的个性使他们缺乏信心，但是他们不会因此而郁郁寡欢，因为他们放得开。他们做事严谨小心，细致周到，力求完美。他们的性格中，既有热爱幻想的一面，又有切合实际的一面。他们做事很投入，对自己要求严格。他们大都性格内向，不喜言语，也因此有些孤独。

和处女座的人打交道就要尽量完善自己，因为他们往往有些挑剔。他们的朋友也大多是追求完美的一类人。因为他们生性安静，所以和他们相处一定不能过于活泼多变。因为他们生性孤独内向，所以适当地关心他们是和他们相处的好方式。

天秤座 (9月23日~10月22日)

天秤座的人既是理想主义者又是现实主义者。他们有着矛盾复杂的性格，而他们的内心也往往处于纠结之中。他们有着天生的外交本领，心地宽厚且性情温和。他们很体贴、为人沉着冷静，理解能力和鉴赏能力都很强，并且极具创作的天分。他们人缘很好，又拥有一流的口才。他们能够客观地看待事物，但同时又多愁善感，是感情丰富的一类人。

天秤座矛盾的性格是让周围的人有些难以适应的，所以，和他们相

知人识人，方可左右逢源

处就需要宽容对待他们的这种性格。总而言之，看到他们的某个表现，就要了解到他们与之相反的矛盾的内心。

天蝎座（10 月 23 日～11 月 21 日）

天蝎座神秘，很有个性，而且控制欲和占有欲都很强。他们是属于很有心机的一类人，凡事都深思熟虑，并且洞察力极强。他们很以自我为中心，不太顾及他人的感受。他们虽然表面上看起来很平和沉静，但内心却是波涛汹涌。天蝎座是感情强烈、爱走极端、爱记仇、报复心强、心思深沉的一个星座。

天蝎座的人往往外表看起来冷漠，但是他们的内心却很热情，因此，同他们交往不能被他们的外表吓倒。只要能够适应他们强烈的感情和个性，就会发现他们是很好相处的星座。

射手座（11 月 22 日～12 月 21 日）

射手座的人害怕束缚，热爱自由，喜欢变化。他们乐观积极，热情向上，非常热衷于享乐。他们慷慨大方，心地宽厚，非常受人欢迎，也因此有很多的朋友。运动和旅行是他们的最爱，因为他们享受那种自由畅快的感觉。他们精力充沛，喜欢变化，有很强的行动力。他们通常有着自己的理想和抱负，并且能够一如既往地将它们付诸实践。

和这个星座的人相处时一定不能让他们感到压抑和不自由，否则他们会离你而去。如果能够让他们感到轻松自在，感受到你的积极乐观，一定能够增进你们的距离。

摩羯座（12 月 22 日～1 月 19 日）

这是一个稳重沉闷的星座。他们有些守旧呆板，注重实际。摩羯座有很强的忍耐力和意志力，他们会为了自己的目标不断奋进，不达目的决不罢休。他们也非常隐忍，并且自尊心强，注重名誉。他们踏实勤劳，性格内向，且有些消极和忧郁。但是他们的稳重和踏实常常让人非常信赖。

摩羯座的人很随和，并不是很难相处。但是，要注意他们的守旧和固执可能会给交往带来麻烦。他们大多不喜欢变化，也不会轻易改变主意。想要说服他们或让他们接受新事物需要花费一定的时间和耐心才能有所成效。

水瓶座（1 月 20 日 ~ 2 月 18 日）

这是一个前卫且大胆的星座。他们富有创造力，头脑聪明，考虑问题很理性，非常注重知识。同时，他们追求富有变化的生活，喜欢刺激。这个星座的人爱好和平，不喜欢与人争斗，他们也很注重公平，乐于助人且热爱生活。另外，他们的推理能力和逻辑思维能力极佳，是智商很高的一类人。不过，他们往往因为喜欢变化而显得难以捉摸。

和水瓶座的人相处时要注意不要让他们有约束感。他们欣赏有思想、有知识的朋友。生活中，因为他们对理性和知识的热爱使他们讨厌虚有其表和华而不实的人或物。他们欣赏真实的人和事。

双鱼座（2 月 19 日 ~ 3 月 20 日）

双鱼座敏感柔弱，多愁善感。他们热爱幻想，并且常常分不清梦想和现实。他们感情丰富，善良温柔，喜欢助人为乐。这是一个善解人意的星座，也是一个情绪化的星座，因此他们做事常常犹豫不决缺乏自信。因为敏锐的感觉和洞察力，他们往往注意到他人发现不了的问题。不过，他们的情绪化也常常使他们看起来难以捉摸。

双鱼座的人需要理解和照顾。所以，适当地关心很容易赢得他们的好感。因为他们重感情，如果能让双鱼座的人感到可靠和信任，就一定能和他们保持良好的关系。不过，也要学会适应他们的神经质和情绪化。

了解了不同星座的不同性格特征之后，很多看似难以琢磨的人和事也会变得不那么复杂了。其实，只要找到了恰当的方法，我们就能够窥探到人们内心的深处。

从星座的角度来了解一个人不失为一个好办法。不同的星座有着不同的特质。有时，我们甚至可以在不知道对方星座信息的情况下根据我们从他身上观察到的性格信息来判断此人的星座，以进一步来了解这个人的性情。

匠心独具，揣摩对手才能事半功倍

揣摩对手在洞悉对方心理状态中非常重要。正是通过这一点，我们才能准确把握好对方的心理，掌控交流的风向，达到我们预想的效果。

枫和刚在一家大型公司工作。前不久，公司的副总经理因为个人原因离开了公司。而一向业绩出众实力突出的枫和刚则成了副总经理这一职位的最有力的竞争者。公司的总经理是一位美国人。枫和刚两个人都努力地表现自己，希望得到总经理的提拔。可是，一段时间过去了，却迟迟不见总经理提拔出合适的人选。他们两个人既疑惑又紧张，不知最终副总经理的职位会花落谁家。枫经过观察发现，刚一直在追求业绩上的出众来赢得总经理的认可与好评。他虽然勤劳肯干，却过于沉默寡言，不善于与人交往，做事情也常常是一个人独来独往，不愿与他人交流合作。而总经理是美国人，行事开明，不拘小节，为人自信热情，非常注重团队协作能力。所以，枫做足准备，不仅更加注重与同事的交流，也经常试着与同事们合作，因此得到了大家的称赞与认可。而刚独来独往的行事风格则使他与同事更加疏远。于是，在一个恰当的机会，枫向总经理毛遂自荐。他良好的口碑和自信勇敢得到了总经理的大力赞赏，终于获得了梦寐以求的职位。而刚则失去了宝贵的机会。

这是一个真实的故事。从故事中我们可以看到，竞争中的两个人在实力上其实并没有什么差别，只是由于其中的一个人善于揣摩他人的心理，不仅了解到了对方的性格与心理，也了解了上司的喜好和心思，他在竞争中比对手多走了一步。这一步走得很巧妙，恰恰是事情的关键所在。正是凭借他对竞争对手心思的揣摩、对总经理想法的把握使他打动了上司，最终在竞争中获得了胜利。而如果他忽略了这一点，盲目地与对方进行竞争、比拼业绩，就失去了正确的方向，很有可能失去了大好的机会。

揣摩对手在人际交往中很重要，决定着我们的成败。如果我们不了解对方的心思，不仅无法获得预期的效果，更有可能在无意间暴露了自身的弱点。尤其是一些正式的交往，双方往往都带有一定的想法与目的，如果没有正确把握对方的心理，就很有可能丧失了主动权，就会陷入盲目的交流中，被对方牵着鼻子走。比如，如果对方想借此了解我们的个人信息，而我们却没有察觉到这一点，就会在交流中在对方有意识的引导下泄露自己非常重要的信息。因此，在交往中揣摩对手的心理非常重要。但是，揣摩对手也不是很简单的，不能盲目地进行，需要用恰当的手段和方式才能达到目的。那么，如何才能运用合理的方法准确地揣摩对手呢？看看下面的几点就知道了。

察言观色，看清情况再行动

有时，当我们有求于他人或者是同地位比我们高的人打交道时，察言观色显得尤为重要，它往往关系着事情的结果和我们给他人的印象。所谓察言观色，就是通过人的外在表现来获悉人们内心的情绪。从某种角度来说，一个人的面部表情总是能在不经意间透露他内心深处的想法和状态。人类的心理活动非常微妙，但这种微妙常会从表情里流露出来。例如倘若心情轻松，脸颊的肌肉会松弛；如果遇到不快的事情，整个面部会呈现一种向下的状态。

有些人不愿意将这些内心活动让别人看出来，单从表面上看，就会让人判断失误。毫无表情的状况大体上有两种，一种是漠不关心，因为毫无想法、兴趣，所以人们往往显得漠然；另一种是毫不放在眼内，因为根本没有当回事，所以这时的人们也可能没有任何表情。

此外，我们还应该注意，虽然大部分情况下微笑是愉快的表现，可是有时候人们在愤怒悲哀，甚至是憎恶时也会微笑。因为在有些情况下人们不能将自己内心的欲望或想法毫无保留地表现出来，只能控制压抑自己的真实想法。在这种情况下，只能根据当时的具体情况进行判断，具体的方法将会在后文中讲到。

看懂对方听话方式中的隐含信息

然而，在实际情况不允许我们进行过多地观察的时候，我们并不一定无法对对方进行判断，对方的听话方式完全可以给我们提供想要的答案。谈话的前提包括了两种不同立场的存在者，即说话者与听话者。我们可以根据对方对自己说话后的各种反应，来突破对方的深层心理。

如果对方正认真地倾听讲话，他们大致会正襟危坐，视线也一直瞪着讲话的对方。这样的人注重礼貌，尊重他人，性格稳重并且大都教养良好。认真听讲话也可能是因为对话题感兴趣。而注意力不集中的人往往视线散乱，身体也可能在倾斜或乱动，如果话题正式，不属于日常生活范畴，说明这个人对谈话很反感。如果是日常生活的范畴，很可能是他对话题不感兴趣，心情厌烦的表现。

如果在倾听对方讲话时偶尔发呆，那么这个人往往有很重的心事。他们很可能正在为某事烦恼或担忧。在这种情况下，他们会不时走神，为他们正遭遇到的挫折或不快而烦心。

还有一类人，他们往往不时关注时间或是看向窗外。这很有可能是他们有急事要去做或是事先有一些安排。遇到这种情况，我们应该尽可能地缩短谈话时间，以免耽误他人的事情或是引起他人的反感。

采取迂回战术，从第三方发现对方的心理

当我们事先没有机会同我们即将打交道的人进行观察的时候，我们也可以通过他人或是这个人的公开资料来间接了解对方的心理。这是一个很好的办法，在我国古代通信及交通不发达的情况下，人们都是通过有关这个人的故事或基本情况来揣摩他人，间接获得想要的信息。

在这种情况下，如果我们没有办法通过面对面地接触来了解对方，我们可以把他人作为信息的来源。比如，我们想要了解某公司经理的信息，可以通过他的下属或朋友，或是经常接触的人来间接了解他的情况。他人的讲述其实已经包含了关于这个人的一些评论与看法，我们可以把不同人的叙述结合在一起，进行分析概括，得出最终的总体的信息。这时，我们对他人提供的信息进行分析处理显得尤为重要，不能因为亲疏关系而有失客观公正。

还有一种了解他人的方式就是通过公开资料了解对方。因为一个人的公开资料往往也能反映出一个人的性格信息，因此可以作为揣摩他人的参考和依据。比如，我们可以从一个人的成长地区获得一个人总体的风格印象，北方人豪爽大气，南方人温和内敛；通过一个人的学历院校来了解一个人的文化修养，综合性学校强调综合素质，专业性院校注重术业专攻；通过他的专业及学习经历分析他的性格特质，理科人严谨务实，文科人细腻浪漫。当然，我们在分析这些信息的时候也不要偏颇武断，要在综合分析的基础上得出结论。不能客观片面，仅凭某一方面的信息就对这个人的性格妄下论断。

总而言之，揣摩对手是阅人的一个重要方法，也是阅人的必要过程，只有用恰当的方法准确揣摩到对方的心理，我们才能取得事半功倍的效果。

揣摩对手并不容易，它不仅需要对他人细致观察，又需要我们对观察结果的准确分析。因此，在实践中锻炼能力、积累经验是非常重要的。成功需要汗水，需要付出，可是成功的结果是让人欣喜的，是让人受益良多的。

醉翁之意不在酒，弦外之音辨心意

因为有很多话都不能或不想直接说出来，总是要运用到很多包装或策略来掩饰自己的真实目的，话中有话，话外也有话，这就需要我们学会察言观色，听出对方的弦外之音，这样才能更好地了解对方的心思，从而做出相应的行动。

俗话说"说话听声，锣鼓听音"，这个"声"指的就是弦外之音。中国人讲话的普遍特点是含蓄，特别是在有些话不能或不想直接说出来时，就会迂回委婉地讲出，来表达自己的真实意图。

古代有很多君王，为了收回兵权，利用各种场合和各种暗示，要属下把兵权交出来，大部分的将军和大臣都心存智慧，听懂了皇上的话中之话和弦外之音，主动交出兵权，保住了自己的性命。然而，那些听不懂君王弦外之音、依然大权在握的人，免不了被精心安上各种罪名的命运，性命不保还不算，有时还要连累到无辜的家人。

由此可见，学会察言观色，听懂别人的弦外之意尤为重要。在生活中，我们也许不会像听不懂君王弦外之意的大臣那样有性命之忧，但是，辨别不出对方的弦外之音就容易造成误解，给沟通增加障碍，或者是受了别人的讽刺还未觉察到，这都是我们不愿看到的结果。因此，我们一定要细心领悟与揣摩，听出对方的真实意图，从而做出恰当的回应。

　　那么，我们究竟应该怎样做，才能辨别他人的话语是否含有话外音，并进一步揣摩对方的真实意图呢？看看下面几点，相信对我们会有所启示。

用反问代替回答的学问多

　　周末，小林和小李一起去逛商场，小林看中了一件上衣，便迫不及待地试穿在身上，并在镜子前反复观看。过了一会儿，小林问小李："我穿这衣服好看吗？"小李看了看小林，反问道："你自己觉得呢？"

　　这里小李的回答就大有深意，也许是因为她没有看出朋友是否喜欢那上衣，不管自己说漂亮与否，都怕朋友以后会后悔，又不好当面直说，才用反问代替回答。她也许是觉得朋友穿上那件衣服并不好看，但是看朋友像是很喜欢那衣服的样子，又顾及朋友的面子，不好明说，便以此方式暗示自己的观点。

　　总而言之，当人们以反问来回答问题时，我们就要想到，他可能是对自己的答案没有把握，或者答案是否定的，但由于对方希望得到肯定答复，所以才采用这样一种折中的方式回答。当我们在生活中遇到这样的情况时，就要仔细揣摩，对方究竟是哪种意图，并采取适当的回应，以免错解人的实际目的，造成不必要的误解。

不断地发问要警惕

　　高先生和王先生曾是同窗好友，两人多年未见，却在一家餐厅偶然相遇了。两人一见如故，相谈甚欢，畅叙当年的同窗情谊。可是过了一阵高先生却渐渐发现，每当他想问及王先生近况时，王先生总是不断向他发问，话题更是千奇百怪，只是都避开了生活近况的问题。高先生疑惑了，这是为什么呢？难道是好友有什么难言之隐？事实上，王先生刚刚失业，家庭生活也不是很如意，因此才刻意用不断发问的方式阻止高先生的问题。

生活中，我们也常常会遇到这样的情况，我们本想问对方一个问题，而对方却不停地向我们发问，甚至会扯上些千奇百怪的话题。这时候我们就要想到，对方可能已经预料到我们的问题了，但是出于某种原因，却不愿回答，才以此来阻止我们发问。

在这种情况下，我们就要考虑一番了，如果问题涉及对方隐私，而对我们又没有必要，就不要强人所难；如果问题的答案对我们至关重要，则可以先讨论些其他话题，尽量和对方拉近关系，使对方打开心扉，等到对方轻松下来时再发问，或者我们可以通过其他途径获得我们想要得到的答案，例如求助于其他知情人，通过第三方知晓答案。

语气里面有玄机

很多时候我们总是过多地关注人们说的内容，却忽视了人们说话时的语气。事实上，有时，人们说话的语气更能反映人的真实想法。如果我们仔细揣摩，就会发现其醉翁之意到底在哪里。

方先生想利用周末的假期出去度假，可是自己的车子却出了一些问题，要在下周才能修好。于是，他想到要借同事赵先生的车子出去游玩。当他开口说要在周末借车子的时候，还没将事情完全讲完，赵先生马上就以一种满不在乎的语气答应了，并说到周末等他的消息。方先生虽然有些惊讶赵先生的大方，但是当时他并没有多想。可是到了周末，方先生等了好久都没等到赵先生的电话，于是他打电话过去询问，可是对方却回答："有这么回事吗？不好意思我忘了"。

其实，赵先生那种满不在乎、不假思索的语气就是在用言外之意告诉方先生："我并不想答应你的要求，你还是找别人吧。"可惜方先生并没有听懂他的语气中的言外之意。

事实上，生活中这些透过语气表达出的言外之意还有很多其他的情况，比如当我们提到某人时，我们发现对方的语气突然变得不正常，语速变得迟缓，并且语调变得不自然，那么就暗示对方很可能对刚刚提到的人心怀不满，持有敌意态度；或者两人关系不寻常。总之，从对方的反应我们可以推断，对方不愿提及这个人，因此，为避免尴尬，我们可以尝试转换话题。

因此，当对方在与我们谈话时出现了不同寻常的语气，我们就要注意了，因为这时对方很有可能是在有意无意间向我们传达他的言外之意。

总而言之，要听懂别人的这种弦外之意，正确解读对方真正的想法，平时就要多训练自己的观察力和解读能力。只有用心聆听，勤学苦练，才能在阅人的道路上更上一层楼。

阅人笔记

有时候，为了顾及各种目的和需求，也许是场合和形势所逼，也许是顾虑到某人的立场和颜面，也许是为了更长远、更宏大的战略，人们的交谈中避免不了要话中有话、弦外有音，因此，学习聆听的智慧，读懂人的弦外之音至关重要。

知人识人，方可左右逢源

阅人"金刚经"，一眼看透不能交往的人

由于人们的性格品质不同，在处理人际关系时难免会出现一些问题和困扰。尤其是同一些心胸狭隘、睚眦必报的人打交道时，一不留神就可能惹上巨大的麻烦。因此，我们要谨慎小心，尽量避免同小人打交道。

芳芳刚刚大学毕业，优秀出众的她很快就在一家广告公司找到了工作。因为刚刚走入职场，芳芳对一切都不太适应，也感到很孤独。这时，她遇到了一个叫莉莉的同事。莉莉经常和芳芳探讨工作问题，两人也因此成为了好朋友。芳芳工作时，莉莉总是很细心，帮她倒水、收拾文件，非常热心。她也会经常给芳芳介绍公司里的一些情况。

一次，公司有一个非常重要的业务，芳芳非常想借这次机会大展身手，给上司留下一个好印象。在经过了一番努力工作后，劳累而兴奋的芳芳将方案交给了上司，原以为上司会大加赞赏，却没想到上司的脸色很难看。让芳芳没想到的是，上司竟然这样说道："这个方案很好，但是你不能窃取他人的创意。这个方案莉莉已经做了。"芳芳怎么也没有想到，自己辛辛苦苦想出来的方案怎么就变成了莉莉的。原来，莉莉借着和芳芳交往的机会，偷偷地记下了芳芳的方案，并在芳芳之前把方案交给了上司。

芳芳的故事告诉我们，无论是在生活中还是职场中，一定要睁大双眼，慎重择友，否则后患无穷。当今社会，随着人际交往的频繁，人与人之间的关系也变得非常复杂。在利益的角逐中，有些人往往不择手

段，依靠牺牲他人的利益来使自己获益。这类人就是人们口中常说的"小人"。古人有云："宁得罪君子，不得罪小人。"因此，在与人交往时，能够识别出人们的为人和品格非常关键。

"君子坦荡荡，小人常戚戚"，这是孔子对于君子和小人的评价。在生活中，虽然识别小人并不容易，但是由于他们固有的天性，常常在不知不觉中露出了他们的小人本色。那么，怎样才能一眼识别出不能交往的小人呢？下面的几点将会为您提供借鉴。

心胸狭隘的人

心胸狭隘的人斤斤计较，他们非常注重现实利益，他们总是尽可能地获得最大的好处。这类人还有一个缺点是容不得别人比他们优秀，他们看不得别人好。同时他们尽可能地打压他人，或是暗中对他人进行破坏。这类人很可怕，因为他们往往表面上一副淡然友好的模样而暗地里暗潮汹涌。和这样的人交往，他很可能因为见不得你的好而暗地做损害你利益的事。

搬弄是非的人

一般来说，爱道人是非者，必为是非人。这种人喜欢整天挖空心思探寻他人的隐私，抱怨这个人不好、那个人有外遇等。他们以谈论他人的隐私为乐，并且经常在不同人面前说三道四。同时，这类人可能会挑拨你和他人间的交情。当你和别人真的发生不愉快时，他们却隔岸观火、看热闹，甚至拍手称快。如果和这类人交上朋友，那么就要小心了，他们很可能出卖你，把你的秘密告诉他人，使你也成为他人议论的中心话题。

顺手牵羊爱占小便宜的人

有的人喜欢贪小便宜，以为"顺手牵羊不算偷"，就随手拿走公司的财物，或者在生活中尽量占点小便宜。虽然值不了几个钱，但是说明这类人看重利益，而看重利益的人往往会因为利益而出卖朋友。同时，他们也很有可能打上你的主意。也许最开始只是没什么价值的东西，但是保不准哪天他们因为爱占便宜而损害了你的利益。所以，这样的人非常不可信，交往时要慎重。

睚眦必报的人

这类人气量狭小，一点小小的不愉快都会记恨在心。而且，他们会找机会进行打击报复，直到恨意消了为止。和这样的人打交道，你保不准什么时候就得罪了他们，因为他们实在太小气，而你还浑然不觉，在不知不觉中就成了打击报复的对象。如果你们真有一些矛盾，那你的麻烦可就大了。

没有原则的人

这类人没有原则，做事也不会讲原则。他们心里没有是非善恶，没有对与错。他们见利忘义，为了利益不顾道德和原则。在他们心里，利益重于一切，利益是一切事情的行为准则。和这样的人交往，他很可能会为了利益而出卖你，甚至以牺牲你的利益为代价。因此，这类人也不能交往。

阅人笔记

同小人打交道的代价是巨大的。我们要学会识别小人，看穿他们伪装下的真实面目，并且敬而远之。同时，我们也要有宽广的心胸，不要和他们斤斤计较，因为和这类人计较的结果只能是自找麻烦。

读心塔罗牌，交对朋友跟对人

　　每个人都有一些老朋友和旧相识，也会不断地结识新朋友。无论是在职场中还是在生活中，朋友的作用是不容忽视的。然而，交友不慎的代价也是巨大的，要想交对朋友，就要学会读懂他人的心。

　　人们常说"交对朋友跟对人"。足见知人识人的重要。古代著名的军事家孙膑正是因为交错了朋友，才遭到好朋友庞涓的陷害失去了行走能力。而恋爱时的女子或男子因为择友不慎而痛苦懊悔也比比皆是。因此，看对人、选对人是我们人生中的必修课，关系着我们的事业和幸福。

　　然而，看人是一种能力，也是一门智慧。要想找到值得信赖的挚友，就要从悉心观察他人的言行入手，了解他们内心的真实想法。那么，什么样的人可以做朋友，什么人不可深交呢？

　　值得交往的人

　　有时候，我们难以确定对方是不是值得深交。其实，一个人的人品和性格往往会通过一些不起眼的细节表现出来。看看以下这些细节，希望能够帮你找出真正的朋友。

　　讲原则的人值得交往。讲原则的人心里总是有着很高的道德标准，在他们眼里，有些事情是绝对不可以做的，哪怕情况再不利，他们也不会抛弃了内心的原则。这类人正直无私，善恶分明，"宁在直中取，不在曲中求"是对他们性格最好的写照。和这类人交朋友，你不会担心他们因为利益而背叛你。

　　在你有困难时没有敬而远之的人值得交往。都说患难见真情，如

知人识人，方可左右逢源

果你正面临困难或是处境不利时，有些势利的人往往会一改往日对你的态度，对你冷淡疏远。而真心对待你的人往往不会，他们还会一如既往地对待你，不会离你而去。这类人是值得做朋友的，因为他们没有功利之心，不是随风倒的势利小人，在你没有价值之后就马上掉头走开。

帮助你不求回报的人。他们会在你需要的时候尽可能地给你帮助，哪怕自己也很忙，处境也很艰难，他们也会尽自己最大的能力帮助你。也许你们仅仅是泛泛之交，但是他们对你很热心，而且，他们的热心并不是因为你对他们有利用价值。他们帮助你不求回报，不是抱着索取的目的接近你。他们帮助你纯粹出自他们的本心，或是他们天性善良、乐于助人，或是他们把你当朋友。无论哪一种，他们都值得你交往。

不能深交的人

有些人是不能深交的，他们很自私，心里只有自己，并不会真心地对待他人。有时候，他们甚至会为了自己的利益而利用、出卖朋友。因此，在交朋友时，我们一定要慎重对待，看穿这类人的虚情假意。

交浅言深者不可深交。在生活中，我们通过闲谈而与他人沟通，这是一种拉近彼此之间距离的方式。但是有一种人，他们刚认识你不久，便把自己的苦衷和委屈一股脑儿地向你倾诉。这类人乍看是令人感动的，但他可能也同样地向任何人倾诉，你在他心里并没有多大的分量。这种人也不太看重交情，他们向你倾诉，只是想找一个人发泄内心的痛苦而已。

被上司列入黑名单者不宜深交。只要你仔细观察，就能发现上司将哪些人视为眼中钉，如果与"不得志"者走得太近，可能会受到牵连。或许你会认为这太趋炎附势，但有什么办法，难道你不担心自己会受牵连而影响到晋升吗？不过，你纵然不与之深交，也用不着落井下石。避免深交，但需要与之沟通。

不会说谢谢的人不可深交。这类人也可以说是对别人说谢谢，但从不对你说的人，或者嘴巴上不停说谢谢，但你能明显看出来，他内心根本就不了解"谢谢"这两个字的真正内涵，把这两个字当口头禅。很明显，他没把你当成朋友。他们只是会利用你做这个、那个，来完成他们的心愿，却从不对你表达真正的谢意。这样的人还是远离为好。

没有信用的人不可深交。有些人刚刚说了一会儿给你打电话，却石沉大海；答应了你的事，没有办，用一句"我忘了"，或者是"我懒的做，今天很忙"就给搪塞过去的人。过去了很久，他们还没有实现他们的话。这里边更深层的东西是诚信。从小处见大处。一件小事他都不能遵守承诺，别说大事了。和这样的人交朋友，只能是为自己找麻烦。

思想很难沟通交流的人。无论是交朋友还是找伴侣，我们都要避开那些和我们思想很难交流沟通的人。试想，两个人做朋友或是做恋人，连最基本的共同语言都没有，还怎么能继续交往下去？人际之间的关系不是靠外表来维系的，而是靠交流和沟通，如果连交流沟通都很困难，就很难有友情和爱情。

生活习惯相差很远的人不宜深交。江山易改，禀性难移。如果个人习惯实在差很远的两个人在一起，很难快乐和谐。这样的两个人很容易在简单的小事上发生冲突，造成不愉快，如果总是这样，两个人之间的感情也很难维系。所以，和自己生活习惯相差太远的朋友和恋人要不得。

没有责任感的人不宜深交。没有责任感的人往往没有担当，他们不会认真对待自己说过的话和做过的事。正因为这样，他们做事也常常不顾及后果，而出现问题时也总是往他人身上推脱。和这样的人在一起，你要随时做好为他收场的准备，因为他们保不准就办砸了什么事。而且，他们在对待你的态度上也很不认真，不会顾及他们的行为对你造成的影响。

阅人笔记

每个人都需要友情，需要良好的人际关系，但是并不是所有人都值得我们真心对待，值得我们信赖和交往。所以，我们一定要擦亮双眼，找到真正的朋友和知己。

管中窥豹，在细节处寻找蛛丝马迹

成败在于细节。一个人的性格与心理特征总是在人无意识的情况下在细节处表现出来。从细节入手，才能窥探人的内心深处。

见微知著，细节之处见人心

人们常说："路遥知马力，日久见人心。"事实上，如果我们留心观察细节，认真分析细节之中透露的不平凡之处，便会快速读懂人心，看清别人的真面目。

一个人在细节处的行为举止往往与他的性格息息相关，折射着他内心的思想。因此，我们要看透一个人，就可以从细节处着手，洞悉他的内心世界。

古人曾经说过："身随心动。"我们心里想的什么，很容易会通过肢体语言表现出来。因此，在生活中，我们完全可以留心观察人们这些肢体语言，通过这些细节之处识得别人的真面目。

眼睛之中的秘密

武侠小说中高手出现时，作者往往会不惜笔墨描写他的眼睛，或是炯炯有神，或是目光锐利。这是因为眼睛是心灵的窗口，一个人的精神面貌会透过这个窗口表现出来，因此，要读懂人心，这个心灵的窗口透露出的细节信息我们绝不能放过。

人们在交往中往往伴随着目光的接触，不同的目光会传递出不同的信息，反映人当时的心理活动和状态。在交际中看懂人的目光就能知晓对方的内心世界：目光游移，而当被对方注视时会将视线突然移开的人往往自卑，性格内向；仰视对方的人常常怀有尊敬和信任之意，俯视他人的人往往在刻意表现自己的威严；审视对方的人，往往对人从头到脚打量，表明对方心存怀疑；尽量回避对方注视目光的人，往往说明他与人话不投机，在刻意消除不快。

除了目光，丰富的眼神也能够真实地反映一个人复杂多变的心理活动。读懂人的眼神，能够帮助我们洞悉他人心底的秘密。

总体来讲，眼神清澈明澄的人，多清纯清朗、端庄、豁达、开明；眼神沉重昏暗的人，则多驳杂不纯、粗鲁、愚笨、庸俗。具体来讲，眼神清澈坦荡的人往往具有为人正直、心胸宽广的性格；眼神熠熠生辉，看起来神采奕奕的人，往往精力充沛、精神抖擞，勇于开拓进取；眼神坚定、充满执著和热情，往往是自信勇敢、奋发图强、志存高远的表现；眼神常常飘忽游移、迷离不定，说明他心胸狭隘、爱斤斤计较；眼神黯淡无光、晦暗生涩，那么这个人往往不求上进、缺乏主见、容易屈服于别人；如果一个人的眼神狡黠奸诈，那么我们最好尽快想办法远离他，因为这是表明这个人性格虚伪贪婪而又卑劣自私的信号。

读懂对方的目光和眼神，我们就能够看透对方，从而对症下药，在交往中掌握主动权。

嘴部小动作透露的心理玄机

嘴巴是人们相互沟通的重要途径，一个人的个人情感不仅会通过嘴巴说出来，还会无意识地在嘴巴上做些小动作表现出来。我们可以根据这些小动作来洞悉人们的内心世界。

舔嘴唇的人，若不是因为天气干燥所引起，说明这个人正在压抑着内心因为兴奋或紧张而引起的波动。比如我们常常看到，NBA 球星在扣篮时，一般都会做出舔嘴的动作。

嘴角向后的人，在交谈中暗示的信息是他对对方的话非常的感兴趣。如果一个人在与人交谈时嘴角微微向后，那么他正集中精神兴趣盎然地倾听对方。

嘴唇前撅的人，可能是内心产生了防卫心理。如果一个人做出了这样的动作，表明他对外界的信息产生了怀疑的态度，并希望对方能够做出肯定的回答。此外，嘴唇前撅也是一种撒娇的表现。

嘴角下垂的人，很可能不开心，也就是我们常说的撇嘴。如果一个人的精神经常处于不愉快的状态，他的嘴角就会习惯保持这种姿势。

用牙齿咬嘴唇的人，很可能正在进行自我反省或是自嘲。或者是因为内心有愧而自责，这些需要我们根据当时情况进行判断。

用手捂嘴的人，有两种可能：如果是在陌生人面前做出这样的动作，说明他内向保守；如果在熟人面前作这样的动作说明他说错了话，并很快地意识到了这一点。

鼻子的无声语言

鼻子是不会动的。因此，鼻子透露出的信息往往被大多数人所忽略。事实上，鼻子会传递出一种无声的信号。

高鼻梁的人，不易相处。这是一位身体语言学家的实验结果。经研究发现，高鼻梁的人似乎有一种与生俱来的优越感，他们性格高傲、不易相处。而低鼻梁的人则平易近人得多，相处起来较为轻松愉快。

以鼻孔示人的人，心中很反感。如果一个人在同他人交谈时扬起脸，以鼻孔对着对方，这说明他心中充满了反感的情绪。

以手捂住鼻子的人，表示拒绝别人。在交谈的过程中，在谈及有关求助的事情后，如果对方用手捂住鼻子并且没有说话，表示对方的拒绝。对方已经用他的行为表明了答案。

隐藏在笑容中的是与非

笑容常常被看做是友好的信号，可是，我们也常常遇到这种情况：当我们人逢喜事、如沐春风的时候，看到别人对我们投来笑容会更加开心；可是如果我们在低沉的情况下看到知情但和我们关系并不密切的人对我们投来笑容，我们很可能更加恼怒。因为我们并不确定这笑是安慰的笑还是嘲讽的笑，所以，我们需要对这些笑容加以甄别。

善意的真笑，是从内心深处发出的源自于美好感情的笑容，发出这样笑容的人的嘴角会向眼睛的方向上扬。这样的人，他的表情会是自然的、松弛的、让人舒服的，并且洋溢着感情。

虚伪的假笑，是一种刻意的、故意表现出来的笑容。假笑的人眼中不会流露出感情，脸上也不会有太多表情，而嘴角则会拉向耳朵的方向。

嘲讽的冷笑，是一种轻视的、不友好的、带着嘲讽的笑。这样的笑不难辨认，因为人们在做出这样的动作时往往表情充满了轻蔑。而人们的表情也会很不自然，嘴角会在两颊肌肉的带动下拉向耳朵。

对于阅人来讲，细节的作用往往是举足轻重的。如果能够悉心观察，留心任何一个微小的细节，就一定能更加全面地了解人们的性格特征。

阅人笔记

"小细节，大道理"。细节是获得他人信息的重要途径，因为一个人往往在细节中不经意间泄露自身的各种信息。所以，抓住细节，从细节处入手了解他人是阅人高手必备的功力之一。

抽丝剥茧，由外到内探测人心

阅人的方法多种多样，当我们身处其中就会发现阅人的过程实际上趣味十足。阅人并不一定仅仅依靠细节来分析性格特征，我们也完全可以通过明显的外部信息窥探他人的内心世界。

每个人的内心都是有迹可寻的。纵然人们的心理活动隐秘难测，却是藏不住的，总会通过这样、那样的方式表现出来，生活中的方方面面都有可能泄露内心的想法和秘密。人们的外部信息经常会揭秘人的内在世界。

第一眼力量，由穿衣颜色看人心

据心理学家研究发现，一个人选择的衣服颜色同这个人的性格有着非常密切的关系。当人们购买衣服时，首先映入眼帘的是衣服的颜色，其次才是衣服的款式和质地。而人们在购买衣服时也总是购买自己喜欢的颜色。因此，我们可以通过一个人的穿衣颜色来了解他的内心世界。

喜欢黑色衣服的人往往有两类；一类人"善于利用黑色"，因为在职业场合或是处理问题时，身穿黑色衣服往往给人精明干练的形象，而选择这些衣服的人也往往坚强独立，精明干练。另一类人则是利用黑色进行"逃避"，这类人非常在乎别人的看法，不希望被人评头论足。因为黑色不太显眼，所以他们选择黑色将自己保护起来。

喜欢白色衣服的人大都是完美主义者，有着崇高的理想和志向。白色是一种崇高神圣的颜色。但是，喜欢白色衣服的人往往缺乏主动性和判断力，内心寂寞，希望得到关注与保护。所以，和喜欢穿白色衣服的人打交道时一定要热情主动，多付出关心和帮助。

喜欢红色衣服的人体现了一个人性格的活泼好动、热情外向，这些人的行动力也非常强。但是，这些人往往没有足够的耐心和稳定性，情绪变化快，甚至行事鲁莽，不顾后果。

喜欢蓝色衣服的人往往冷静、理性、善于控制自己的情绪，这类人的判断力很强，也非常有主见。但是，这类人一般比较固执，在交际方面可能不是很擅长。

喜欢黄色衣服的人往往说明一个人性格外向、好奇心强、精力充沛，富有上进心。挑战和刺激往往是这类人最喜爱的感受，他们喜欢变化，不喜欢束缚。然而，这样的人往往没有长性。

喜欢紫色衣服的人代表了性格外向，富有观察能力和领悟能力。这类人通常有着较高的涵养和文化素质。但是，这类人一般多愁善感、高傲冷漠，往往不易相处。

手提包中的心理映像

手提包在人们的日常生活以及工作学习中有着非常重要的作用。也正因这样，手提包总是会泄露出关于主人的心理信息。

喜欢公文包的人通常进取心强，因为手提包通常是管理人员随身携带的物品。他们的工作要求往往很高，所以他们总是对人对己有着很高的要求。

喜欢休闲包的人乐于享受生活的美好，并且以随意的心态对待生活中的任何事。这样的人往往随和、积极乐观，不会过分要求自己，但是他们也不乏进取心。

小巧精致的提包往往暗示着它们的主人是年轻的女孩。她们单纯，心地纯洁。如果过了这种年纪仍然喜欢这种提包，说明包的主人积极乐观，热爱生活，充满希望和活力。

喜欢大型手提包的人热爱自由，不喜欢束缚和压力。这种人为人随和，容易相处，但也容易和别人产生矛盾。这样的人也缺乏安全感和责任感。

宠物泄露出的内心信息

喂养宠物是一种很好的休闲方式。随着现代生活日益增加的压力，宠物已经走进大多数人的生活。由于性格喜好的不同，人们选择的宠物也很不一样。我们可以通过一个人喂养的宠物来了解他的性格。

喜欢养狗的人性格外向，性情温和，平易近人。他们害怕孤独和寂寞，喜欢快乐热闹的生活，并且与周围人保持和谐融洽的关系。但是，他们往往心地单纯，不懂得掩饰内心的想法，做事往往不够坚定，容易受环境影响。

管中窥豹，在细节处寻找蛛丝马迹

喜欢养猫的人喜欢自由，委婉谦和，但性格内向。他们大都喜欢恬静与世无争的生活。与人交往时，他们往往封闭自己，不让别人走进自己的内心世界。他们因为严谨的生活态度而看起来缺乏活力和热情。

喜欢养鸟的人小心谨慎、心思细腻。这种人大多性格孤僻，缺乏交际能力，不喜欢烦琐的人际关系。养鸟是一种自娱自乐的方式，也因此得到了他们的喜爱。这类人的缺点是心胸狭隘、喜欢计较。

喜欢养鱼的人是天生的乐天派。他们富有生活情趣，对事业和生活没有过高的追求，他们追求平静快乐的生活。这样的人虽然看起来胸无大志，但是却过得轻松快乐。

人们看得见的外在表现是由看不见的内在个性做基础的，因此，透过人们的外在信息完全可以分析其内在的性格。这就需要我们善用阅人的慧眼，抽丝剥茧般由外到内窥测人们的内心世界。

阅人笔记

阅人虽然是一门学问，但是想成为阅人的高手也并非难事。人们的心理活动往往能通过各种渠道为我们察觉。因此，掌握阅人的方法，在实际生活中阅人有术，就能洞悉人心的是是非非。

听其言，闻声知人心

人们常说："言为心声。"语言是一个人想法、心理的外在表现。因此，语言在有意或无意中体现着人们内心深处的秘密。所以，学会从语言中听音辨意，找到探寻心灵世界的蛛丝马迹，是阅人高手必备的技艺。

在经典名著《红楼梦》中，王熙凤的出场给读者留下了深刻的印象。她的人还没有出现，声音却早就响了起来，"我来迟了，不曾迎接远客！"在当时的场合下，她的话语将她泼辣豪爽的性格淋漓尽致地表现了出来。这也是她得名凤辣子的原因。这生动地说明了人的语言在表现性格中的作用。

正是因为语言和内在性格的关系，自古以来，人们经常通过"闻声识人"来判断这个人的性格及心理特点，也因此有了很多流传至今的故事和相关著述。孔子就曾提到过语言在了解他人内心世界方面的作用。那么，怎样才能通过语言来了解人们的性格呢？下面的几点将会具体说明语言和性格的关系。

说话声音大小体现的性格特征

声音洪亮的人一般充满自信，性格外向。他们性格开朗，善于人际交往。因为他们的言谈很容易给别人留下深刻的印象，所以他们中的很多人在事业上的发展都颇为成功。

语气轻的人通常小心谨慎，内向稳重。但是，如果一个人在说话时显得精力不足、语调不平稳或是表达不清，很可能反映了这个人过分紧张或是心境悲观。

声音沉稳有力、语速适中的人往往有着很强的控制欲和领导欲，并且拥有极大的信心和勇气。这种人精力旺盛，愿为理想付出努力，因此他们在事业上往往小有成就。

语调抑扬顿挫、富有节奏的人往往有着极强的表现欲。这类人喜欢孤芳自赏。但是这类人一般圆滑善于心机，所以同这类人交往时一定要小心。

说话缓慢低沉的人不易相信别人，总是持怀疑态度，很难相信别人。他们说话时往往一边思考一边表达，因此语速很慢，声音低沉。另外，这类人通常比较执拗，容易自高自大，所以不易相处。

说话声音尖锐的人往往性格古怪。他们的悟性通常比较差，很难把握自己的言行举止，所以不容易给人留下好印象。

口头禅中的心理地图

口头禅是一种说话习惯，不同性格的人往往有着不同的口头禅。口头禅是不同性格的人在说话方式上的反映。因此，通过口头禅可以了解不同人的性格特征。

我知道、我明白、我理解。以这类话为口头禅的人往往十分聪明，能够举一反三。他们拥有很强的逻辑能力，反应也十分灵敏，往往能透过说话人的言谈举止领悟到对方的意图。不过，这类人往往固执，对自己很自信，不愿听别人的劝告。

我要、我想、我不知道。经常说这类话的人往往心地单纯，胸无城府。他们做事的时候往往意气用事，并且平时的情绪不是很稳定，有时让人有一种琢磨不透的感觉。

可能是、也许会、大概是、差不多。以这类话为口头禅的人自我防范意识很强，他们处世老练，懂得含蓄自卫，在待人接物的时候显得很冷静。所以在人际关系方面处理得非常好。这类口头禅有一种以退为进的意味。很多政治人物都喜欢用这类的口头禅。

这个、那个、啊、呀、哦、嗯。喜欢以这些话为口头禅的人有两种：一种人思维反应比较慢，他们在讲话时不懂得理清思路，所以经常使用这些停顿、缓和的词语。另一种人则恰恰相反，这种人做事谨慎，城府较深，他们经常使用这类词语是为了谨慎思考，以防自己说错话。

说真的、老实说、的确、不骗你。常说这类话的人往往缺乏自信，害怕别人不相信自己，所以一再强调事情的真实性。这类人通常有些急躁，希望得到朋友和周围人的认可。不过正因为他们再三强调，反而让人不易相信。

我……经常使用这类口头禅的有两种人：一种人非常软弱，总想求助于他人；另一种人喜欢虚荣浮夸，他们总是想引起别人的注意，所以千方百计地寻找机会表现自己。

你应该、你必须。经常以这类话为口头禅的人，大多比较强势、专制、固执，他们总想别人听命于自己，有着很强的领导欲望。

好啊、是呀、对啊、有道理。经常使用这类话为口头禅的人通常比较圆滑，甚至有些城府。他们用这些话表示出顺从的意思，让别人对他们毫无防范。等到对方信以为真，他们就会根据对方的弱点利用对方，以后用来对付对方。这类人往往看似温顺，但是一旦他们的利益受到威胁，他们就会马上换上另一张嘴脸，和你反目成仇。

据说、听说、听人说、一般来讲。以这类话为口头禅的人通常很圆滑，他们精于人情世故。他们之所以使用这种说话方式，是为了在说话时故意遮掩，处处给自己留出余地。

语言在洞悉他人内心方面的作用是不可忽视的。每个人的语言都有其与众不同的显著特征，都透露着明显的个性信息。如果能在阅人时掌握好"闻声识人、听音辨意"这一技巧，就一定能取得事半功倍的效果。

阅人笔记

语言中总是隐藏着大量的关于人们心理活动的信息。因此，从语言中寻找有关性格的细节在阅人中非常重要。只要牢牢把握语言这一蕴藏丰富的性格信息资源，并加以分析判断，就能够成为阅人的高手。

观其行，行为见人心

行为举止是内心世界的一面镜子，从中折射着人们的心理状态。透过行为举止，我们可以清晰地了解人们内心世界的真实风景，洞察隐藏在行为背后的性格秘密。

在电影《列宁在一九一八》中，克里姆林宫的卫队长马特维耶夫打入敌人营垒，由于伪装巧妙，没有露出破绽。但有一次，当他突然听到敌人要刺杀列宁的计划时，他却在敌人面前不由自主地站了起来，正因为他下意识的这样一个动作，引起了敌人的怀疑，暴露了他的身份，引起了敌人的追杀。

从故事中我们可以看出肢体语言的一个显著特性——深刻的心理表现力。古语有云："身随心动。"行为举止总是在人们不经意间透露出人们的习惯和心理信息，并且与当时的心境有着密切的联系，正是因为下意识的行为，肢体语言往往真实准确地反映着人们的心理状态与性格。因此，看懂肢体语言对洞悉他人性格至关重要。下面就具体看一看在生活中人们看似平常的肢体活动究竟向我们传达了怎样的性格信息。

传达积极信息的肢体动作

在交流中，我们有时并不了解对方的喜好禁忌。只有关注好对方的心理反应，才能摸清对方的心理"底牌"，了解对方的真实想法。

将脖子偏向一边表示舒适、愉快。对人类来说，脖子是人体中非常脆弱的部位，因此，在潜意识里人们总有一种保护它的本能。正因为这样，人们一般不会把脖子暴露给别人。只有人们在舒适愉快的状态下才会把头偏向一边。而在陌生人或是不喜欢的人面前时，人们就不会做出这样的动作。把脖子偏向一边也可以说明对方正饶有兴趣地倾听讲话，并且已经被吸引了全部的注意力。

身体倾斜代表喜欢、感兴趣。如果一个人对另一个人颇有好感，往往会朝对方倾斜过去。这是一种感兴趣的迹象。当人们对他人非常感兴趣的时候，身体会朝前倾斜，而双腿往往会向后缩。如果某人坐着的时候朝向某个人的方向倾斜的话，那意味着他正对那个人表示友好。而当人们不喜欢某人的时候，会感到和对方在一起很乏味，或者很不舒服的时候，身体往往会向后倾斜。

模仿他人的动作表示有好感。要想知道他人是不是对自己印像良好、自己对他人是否有吸引力，只要看看他们是否模仿你的动作就能略知一二了。如果交往的双方彼此模仿对方的肢体语言，那么有可能其中之一或者你们两个人对对方都有好感。模仿他人的意思就是希望和对方一样。

双手抱头表示舒适，有支配感。我们经常可以在办公场合看到这一动作。当一个坐着的人身体后倾，把双手交叉放在后脑时，说明这个人正处在一种非常舒服，并且具有支配感的地位，表示他对自己目前的状态非常满意。

"塔尖式"的手表示自信。这种手势是把双手张开，将十个手指头对起来，但不是交叉，看起来就像是一个高高的塔尖，所以称为"塔尖式"手势。当一个人做出这样的动作的时候，表示出他非常的胸有成竹，对自己很自信。

传达消极信息的肢体动作

交流中准确把握对方的心里非常重要。每个人在性格上都有不能触碰的"雷区"，如果我们忽略了对方的感受，就很有可能引起双方的不愉快甚至不必要的麻烦。

前后摇晃意味着情绪上的不安。这种动作说明人们正处于不耐烦或者焦虑之中。成年人在心里不安定、不自在或者很焦虑的时候前后摇晃，用这种方法让自己平静下来。

　　朝前伸的脑袋暗示有敌意。朝前伸的脑袋往往意味着警觉，表示一种迫近的威胁。就像往前伸的下巴一样，这是一种攻击性的动作，暗示对方正准备对眼下的问题采取一种进攻性或者有敌意的方法。

　　挠头表示困惑和不确定。要不是因为头上不舒服的话，挠头的动作说明某人正感到很困惑、找不到头绪，或是对某事不确定、没有把握。通过这一动作，我们往往可以判断对方说话的真假以及对某件事的态度。

　　耸肩代表不坦率或是不在乎。当人们耸肩的时候，这意味着他们没有说实话、不坦率，或者根本不在乎，觉得无所谓。正在撒谎的人往往会有快速的耸肩动作。在这种情况下，耸肩不是敌意的，而是下意识里在努力表现得很镇定，但是，实际上并没有达到这种效果。这也是判断人们说话真伪的一种方法。

　　拇指放进口袋表明不自信，没有安全感。有些人习惯把大拇指放进衣服的口袋里，而剩下的手指则放在衣服外面。做这样动作的人往往感觉不舒服，或是缺乏安全感。这样的动作是一种极度缺乏自信的表现，职位较高的人应该避免这样做。

　　抚摸颈部表示紧张和压力。有些人会在与人交谈的时候在不经意间时不时地做出抚摸颈部的动作，可是，在手抚过颈部后就迅速地放回原处。当说话人做出这样的动作时，哪怕他说得多么自信，而事实却不是这样。抚摸颈部是一种释放压力的行为，表明当事人内心很不自信。当一个人内心紧张或者感觉有压力的时候，往往会做出这个动作。

　　搓手表示紧张和不安。我们会经常看到有些人在说话时会做出搓手这一动作，这表明了人内心的不安和紧张。当人们处于被怀疑或者有压力的状态下，经常会用一根手指去摩擦另一只手的手掌。如果情况越来越不利，人们会将双手十指交叉，并上下搓动，这都说明了人们心中的惶恐不安。

用手支住头部暗示厌倦的情绪。这个动作非常常见。在生活中，我们经常见到人们做出用手支住头部的动作。这个动作表明人们已经进入一种厌倦的状态，不想再继续听下去。人们之所以这样做，是为了不让头部低下去或是防止在不知不觉中睡着。

行为是内心世界的一面明镜。人们的心理状态和性格特征常常会在不经意间的肢体动作中体现出来。所以，要想看透人心，捕捉人心最隐秘的想法和变化，就要学会"观其行"，从肢体动作中解密人们的心理密码。

阅人笔记

人们的肢体动作往往是下意识的行为，因此，同语言比起来，肢体动作更具有准确性，更能够反映人们内心深处的真实想法。同时，肢体动作还能反映出人们的教养、素质、生活习惯等多方面信息，可以算得上是人类性格的"多棱镜"。

问其志，喜好辨人心

每个人都有自己的喜好，兴趣爱好和一个人的性格息息相关。因此，要想认清一个人，可以从一个人的爱好着手，通过人们的爱好把握人们的性格。

一位心理学家曾经说过："兴趣是个性的流露。"要想了解他人的脾气禀性，除了通过观察细节、倾听谈吐以及分析行为，我们也可以通过喜好来了解人心。

听"音"识人，音乐中传达出的性格倾向

　　英国一项调查研究显示，人们的音乐播放器中存放的歌曲正传达着主人的性格信息。在阅人时，我们可以通过对方喜爱的音乐类型，勾画出对方的心理图景。

　　喜欢古典音乐的人理性、严谨。他们在思考问题时比较缜密，对问题的考虑也比较周全。另外，这种人大都沉默寡言，智商较高。也正因为这样，他们往往内心孤独，因为很少有人能够走进他们的内心世界。

　　喜欢摇滚乐的人很有表现欲。他们爱出风头，不拘一格，随心所欲。当然，他们有时也会用低调来渲染高调。这类人多少有些愤世嫉俗，他们非常自信，但同时也很自卑。他们往往用自信的外表将自己脆弱的内心保护起来。他们不清楚自己的追求，因此常常感到茫然和不安，需要用节奏感强大的摇滚乐来驱赶内心的诸多情绪。

　　喜欢流行歌曲的人前卫，积极热情。流行歌曲往往体现了潮流的倾向，喜欢流行歌曲的人喜欢走在时尚的前沿，他们追求简单随性的生活，他们希望自己过得轻松快活、无忧无虑。这类人通常想法简单，性格积极。

　　喜欢轻音乐的人属于一个非常优秀的族群，其中尤以女性为多。她们有自己的人生目标，知道自己的需求，也非常热爱自己的工作。这类人内心很柔弱，需要他人的关心和照顾。但有趣的是，这类女性往往看起来并不柔弱。和这类人交往时，我们不要给她们太大的压力，否则我们就有可能遭到拒绝，失掉交往机会。

　　喜欢爵士乐的人感性、崇尚自由。他们通常很感性，多愁善感，考虑问题时总是缺乏理性。在做事时，他们也往往从感觉出发，很少去考虑客观实际。他们不喜欢束缚，喜欢无忧无虑、自由自在的生活。此外，他们讨厌一成不变，喜爱丰富多彩的生活。

喜欢乡村音乐的人通常比较敏感，常常对一些事情倾注过多的关心。他们在为人处世时也很老练，一般不会轻易动怒。他们亲切、温和，易于和人相处，攻击的欲望也不强烈。稳定富足的生活是他们的追求。

喜欢背景音乐的人是想象力一族。他们喜爱幻想，往往有些脱离实际。而现实的生活常常让他们感到失望。然而，他们也很会自我调节，努力让自己重新融入现实生活。这类人的感觉通常很敏锐，第六感强，总能捕捉到别人不善于发现的细节。他们热爱人际交往，总是希望和不同的人成为朋友，很快就能和周围的人打成一片。

读书偏好与人性格相通

书中自有黄金屋，书中自有颜如玉。书籍是人类精神的保养品，书中包含了世间万象。书籍的好处多多，其中有一点对了解他人非常重要，那就是通过读书偏好可以了解他人的品位和性格。

喜欢读传记文学。说明人们好奇心强，做事谨慎，野心勃勃。他们每做决定之前都要深思熟虑，权衡各种利弊得失。而且，在没有一个很好的行动方案之前，他们不会贸然去做一件事。

喜欢通俗读物。表明这类人性格乐观，富有同情心并善于交往。街头小报、八卦杂志、周刊等都可以算做是通俗读物。喜欢这类读物的人总是有很多话题，善于用自己的言辞为他人带去快乐。正是因为这样，他们非常有趣，总是得到大家的欢迎。

喜欢言情小说。这暗示了一种敏感、多情的性格。这类人感情丰富，性格开朗，非常重感情。更难能可贵的是，他们在遭遇逆境的时候总是能怀抱希望，调节自己的心态，让自己很快地从失意中走出来。

管中窥豹，在细节处寻找蛛丝马迹

喜欢读报纸和新闻性刊物。这类人属于坚强的现实主义者。他们思维敏捷，能够很快适应新事物并对其作出反应。他们不愿意当落伍者，时时努力使自己跟上时代的脚步。

喜欢读历史书籍。这反映了这类人尊重事实。讲究实际和重视效果是他们为人处世的原则。他们喜欢创造性的工作，愿意把自己的时间用在努力工作以及做学问上面。他们不喜欢闲谈，也不愿意参加社交活动。他们很古板，也很固执，但他们很讲原则。

喜欢财经类书刊。这类人争强好胜，喜欢竞争。他们是那种自尊心很强的人。他们崇拜在事业上有所建树的人，并且自己也以他们为榜样。他们非常希望自己拥有绝对优势，把他人比下去。

运动让你了解他人

体育早已成为日常生活中非常时尚的话题和常见的休闲方式。人们对体育运动的热爱程度也越来越强烈。但是，不同性格的人往往选择不同的运动方式。如果我们在日常生活中留心注意，就可以通过运动方式了解人们的个性。

喜欢散步走路的人稳重有耐心。他们的处世方式正像散步一样，不紧不慢，虽不时髦，但是却能持之以恒。这类人没有太多的表现欲，他们沉着、冷静，做事稳重，总是做自己能做该做的事。他们也很自信。

喜欢冬泳的人冷静，意志力强。他们绝不冲动、贸然行事。他们意志力强，在遇到挫折或困难的时候，常常能坚持下来，绝不言败。在事业上，他们追求较高的专业知识和地位，希望得到大家的尊重和认可。但是，他们往往不够热情，让人难以亲近。

喜欢打篮球的人通常有着很高的理想和目标。他们希望自己比他人更出色。当他们把目标确定之后，总能为了实现它而付出巨大的艰辛和努力，即使遇到挫折，他们也不会灰心丧气、一蹶不振。相反，他们的心理素质非常好，能够迅速调节自己的情绪，重新再来。

喜欢踢足球的人富有激情，喜欢刺激。他们总是以非常积极的态度对待工作和生活，他们热情有活力，有着很高的斗志。

喜欢打高尔夫的人一般有着很强的经济实力。高尔夫是一种贵族化的运动，象征着一个人的财富和地位。他们大多是事业的成功者，并且具有远大的理想和宽广的胸襟，并有不达目的誓不罢休的坚强毅力。

喜好和性格总是密不可分的，不同的喜好体现着不同的性格特征。因此，想要了解人们的内心世界，可以从对方的喜好中找到突破点，深入探寻隐藏在兴趣爱好背后的性格原因。

阅人笔记

古语有云"万事万物皆有道"，意思是说世界上任何事情都有缘由，并且都有其各自的解决办法。阅人是一门很深的学问，但是却有很多种方式能够让我们一步步实现成为阅人高手的目标。悉心观察，努力学习，勤加练习，不久以后，我们就能练就一双慧眼，看穿人们的心理世界。

字如其人，笔迹暗示的人格特征

从古代起，就有关于字迹和性格关系的研究。西汉文学家扬雄就曾说："书，心者也。心画形而人之邪正分焉。"从一个人的字迹中我们往往可以分析出这个人的性格。

关于笔迹和性格关系的研究早已成了一门学问——笔迹学。笔迹学家认为，笔迹形象地传达着写字人的性格信息。一直以来，人们也认为

"字如其人"，认为一个人的风度、气质、性格都能够通过笔迹传达出来。而研究证明，字迹同性格有着密不可分的联系。因此，我们可以通过分析字迹来了解他人性格。

李总的办公桌上正摆着几封求职信。他是某公司人力资源部的主管，最近由于公司扩大规模，正忙于招聘新的职员。李总打开了信件，开始阅读起来。不一会儿，他就嘱咐助理通知其中的一位申请者到公司参加面试。助理有些不解，不明白李总为什么在几个求职者中这么快就决定了面试的人选。于是，他向李总提出了他的疑问。李总笑了笑说："这几封求职信中，有几封是打印的，只有两封是手写的。我更欣赏手写的求职信，因为这体现了求职者诚恳的态度。而在这两封求职信中，其中一个的字体非常值得注意，这个求职者的字端正工整，大小适中，字体垂直，看起来很有力度。而这些都表明写字人踏实坚韧的性格，他工整的字体说明了其认真务实的性格，而大小适中则说明他为人稳健、不骄不躁，谨慎又不乏胆量。他垂直的字体则说明了他有很强的责任感。这样的人正是我们公司需要的人才。"听完李总的解释，助理理解地点了点头。不久以后，这位申请者进入公司工作，而他的工作表现恰好证明了李总的判断。看到这些，助理心服口服，从心底里尊敬崇拜这位能力出众的上司。

从上面的例子中可以看到，李总正是凭借字迹与性格的关系，才在众多的申请者中挑选出了公司需要的人才。由此可见，分析字迹对于了解他人性格有着非常重要的作用。那么，性格是怎样反映在字迹中的呢？以下的分析将会为您揭晓答案。

细小字观察力好

写字细小的人的观察力和专注力都很好，他们办事认真细心，但有些过于谨小慎微。这类人警觉性很高，容易受外界环境的影响，非常在意别人对自己的看法。如果字迹细小，并且越写越往上，表明书写者注意力非常集中，喜欢做一些细致的工作。他们理智、冷静，善于分析判断，同时他们有耐心，做事仔细，注重家庭生活，凡事以家庭为核心，能为家庭做出牺牲和奉献。如果字迹细小，但是越写越往下，表明书写者性格软弱，温和顺从。这类人自信心不强，气量比较狭小，容易猜疑和忧虑，过于在意别人对自己的反应。

写大字好表现

习惯于写大字的人表现欲强，他们希望通过引起别人注意来表现自己，以此获得他人的关注和认可。这类人做事比较迅速，办事能力强，但有时候有些鲁莽。这类人自我意识很强，他们做事都是以自我动机为行动导向的。他们做事有目的、有计划，能够按部就班。但他们的缺点是不注重细节，有些心浮气躁，不能够踏踏实实把事情做好。

字体垂直者责任感强

写字字体垂直的人注重实践，而且考虑问题总是从实际出发，他们独立自主，头脑理智，做事条理清晰，有自己的想法和主意。他们能够根据自己的分析判断来做决定，而且一旦做出决定后，就不容易改变，也不容易受他人的影响。他们有很强的自我控制力，行事谨慎，认真勤奋。这类人在工作时忠于职守，责任感和原则性很强，但情感反应不强烈。

字体右倾者偏好社会互动

写字字体向右倾的人积极进取，能动性强，他们不怕困难，做事独立自主，思想开放，具有全局观念。他们喜欢展望未来，对精神领域的东西感兴趣，并渴望能在精神领域里有所发展。这类人待人友好，性情开朗，慷慨大方，有同情心，乐于帮助他人。他们有着很强的集体观念，偏好社会互动。如果字体向右倾斜，而行向下倾斜，反映书写者好内省，但意志比较薄弱，容易受他人影响。

扁形字具有顽强的毅力

这类人信心坚定，意志顽强，毅力超群。他们不容易受外界环境的影响，有些固执己见。做事认真负责、行事有条理、有计划是他们的优点，但有时也有些刻板不知变通。

如果扁形字向右倾，反映书写者理想远大，积极进取。这类人为人热情，热爱生活，乐于助人，容易与人相处。他们敢于冒险和做新的尝试。

如果扁形字体向左倾，反映书写者性格叛逆，力争上游，做事持之以恒，坚韧不拔。写这种字体的人有些清高孤傲，对现实社会不满，因此感到壮志难酬。他们朋友不多，但都是挚友。

长方形字勇于开拓

这类人一般很有自信，他们积极进取，富有行动力。爱憎分明、态度明朗是他们的处世态度。他们具有反传统、反习俗和勇于开拓的精神。如果长方形的字体向右倾斜，说明书写者性情大方无私，心胸宽广，乐观向上。但是，他们很喜欢竞争，而且性格张扬外露，容易得罪人。如果长方形的字体向左倾斜，反映书写者喜欢自我反省，经常压抑自己的情绪。他们关注自己，喜欢自我封闭，对周围环境反应冷漠。

人们常说"见字如见人"，每个人的字迹都有着与众不同的特色，而这些特色正彰显了写字人的性格。因此，想要成为一个阅人高手，完全可以通过观察对方笔迹这一间接的方式来体察对方的内心世界。

阅人笔记

字是一个人的门面，字迹反映了人多方面的信息。观察一个人的字迹就像观察一个人，无论是字形、结构都反映了写字人的性格特色。在职场中，我们也可以根据笔迹的暗示来观察对方的签名，进而了解这个人。

留意看报习惯，透析人的个性商标

报纸是人类的好朋友，承担着传递信息的重要作用。在生活中喜欢看报的人不在少数，但是这些人对待这个朋友的态度却不尽相同。

报纸是我们生活中重要的信息载体之一，可以使我们了解身边的新闻，也可以让我们综观世界风云。由于人各有自己独特的性格特点，人们看报的习惯也各不相同，所以我们可以根据人们的不同看报习惯来了解人的性格。

小夏和小徐正在聊天。当聊到一个有关历史故事的话题时两人产生了分歧，双方各执己见，几经辩论还是没能把对方说服。后来小夏说要带小徐去见一个"权威"人士来解决两人的争端。于是小夏带着小徐找到了小孟，并说明了两人的来意。小孟并没有对两人的看法作什么评论，而是对这个话题发表了一番自己的见解。小孟的分析旁征博引，入情入理而又深刻透彻，两人听后不禁惊讶于小孟的博古通今，见解深刻，并且两人竟不约而同地接受了小孟的观点。事后，小徐不解地问小夏是怎么知道小孟的本事的，小夏回答道："我平时注意过小孟，他很喜欢阅读报纸里面有关历史类的内容，常常是一看到这类的文章就会爱不释手地阅读，而这样的人往往博古通今，分辨能力很强。"

小夏很有眼光，能从别人喜欢读报的内容看出人的性格特点。事实上，人们的读报方式喜欢的内容的确与人的不同性格有着密不可分的关系。下面就让我们逐一分析，不同看报习惯到底体现着什么样的性格。

从读报的方式看：

如果我们细心观察就不难发现，人们读报的方式是各不相同的，有人会抽时间仔细读报，而有人则选择读报来消磨时间。这些不同的读报方式往往体现着人不同的性格。

只阅读喜欢内容的人。有些人在得到报纸后会用最快的速度将整张报纸的大致内容了解清楚，然后选择自己感兴趣的内容仔细阅读，有时候甚至会为了满足自己的好奇心抢夺熟人的报纸来阅读，当他们发现没有自己喜欢的内容之后会把报纸搁置在一旁。

这种人大多活泼外向，幽默自信，喜欢热闹，广交朋友，对很多东西都有好奇心。他们往往有领导才能，但做事却常常不能精益求精，有时候甚至会敷衍了事。

为了消磨时间而读报的人。这种人阅读报纸只是为了打发时间，在阅读中寻找乐趣，所以得到报纸后往往会随手一扔，等感觉到烦闷和无聊时才拿出来看。

他们往往具有内向、孤独、情绪不稳的性格特点，办事常常拖泥带水，没有魄力，人际关系不好，自视清高，但他们又往往会有很强的想象力，善于察言观色，忠厚老实，不钻牛角尖。

迅速浏览报纸内容的人。有些人只要一拿到报纸，就会忘记置身何处，必会迅速浏览报纸内容，迫不及待地将报纸各版的内容了解清楚，哪怕时间紧迫，也会把别的事情抛在一边。

他们往往性格外向，精力旺盛，自信心强，不善隐瞒，喜欢热闹，不迟钝呆板，办事周到积极，不排斥新事物，随遇而安，但是有时候喜欢张扬，听不进他人劝诫。

抽时间细心读报的人。有些人买到报纸后，并不急于阅读，而是先放在一旁，用最快的速度将手头上的工作做好，等到没有其他的人或事分心的时候，再仔细阅读，甚至有的人还会将重要的内容或自己感兴趣的文章裁剪下来保存好。

这类人往往性格较为内向，不善言辞，自找乐趣，讲究实际，自控能力强，认真负责，能够独当一面，能够赢得人的信赖。但他们大多对交际应酬不感兴趣，对他人也显得热情不足。

边做事边读报的人 有些人会在做事时抽空看下报纸，等到事情做完，报纸也读得差不多了，事实上他们并不是迫不及待要看报纸，只是一种习惯使然。

这种人往往性格急躁，做事缺乏耐心，不善于在事前做适当规划，不善于思考，效率不高。

从选择阅读的内容看：

事实上，不同的人不仅阅读方式不同，他们读报内容上的偏好也往往有所差异，有人喜欢财经类，有人喜欢时装类……而人们对内容方面的不同偏好也为我们了解人们不同的性格提供了可靠的依据。

喜欢阅读财经类内容的人。这种人往往不安于现状，不甘寂寞，有知难而进的勇气，争强好胜，不愿服输，最喜欢超越别人的感觉；他们崇尚权威，渴望荣誉，总在不断努力寻找发达的时机。

喜欢读时装类内容的人。喜欢看此类内容的人喜欢追求时尚，他们往往出手大方，以掌握最新服装信息和流行趋势为乐，以显示自己在此领域内的水平和能力；他们常常把时间和精力都花费在了外表上，而忽略了内在修养，所以难以成就什么大事业。

喜欢看通俗类内容的人。这种人往往对街头小报感兴趣。他们好奇心强，热情善良，直爽可爱，与人交往时，善于使用巧妙而又幽默的话语活跃气氛，从而给别人带来快乐。他们有着非常强的收集和创造能力，趣味性的话题总是张口就来，也正是因此，他们经常是大家眼中的开心果。

喜欢读历史类内容的人。这种人往往创造力丰富，讲究实际，不

管中窥豹，在细节处寻找蛛丝马迹

喜欢胡扯闲谈，他们会把时间都用在有建设性的工作上面，讨厌在他们看来毫无意义的社交活动。他们往往博古通今，并且能够古为今用，从历史事件当中汲取对自己人生有意义的东西；具有很强的分辨能力，因此深受周围人的赞赏。

通过上面的分析不难看到，人们在阅读报纸时，从读报方式到对内容的偏好都会有自己独特的习惯。熟知这些习惯背后隐含的性格信息会为我们阅人识人提供很大的帮助。

看报是人们掌握信息的重要途径，而人们不同的阅读方式和对不同内容的偏好却往往不尽相同，这些不同的看报习惯正是人们不同性格特征的表现。因此，留意人们的看报习惯，我们就能够快速了解对方的性格信息。

统观全局，从整体角度阅人

有时，在我们没有机会对人进行深入细微观察的时候，我们可以从整体着眼，通过抓住总体特点来估测人心。

精神状态帮你打开人心的隐秘天地

　　精神状态是人们心理状况的真实写照。因此，把握好人们的精神状态就等于掌握了人们心理活动的"晴雨表"，就等于有了打开人们隐秘的内心世界的钥匙。

　　因此，把握好精神状态传达出的信息，对我们了解他人的想法非常重要。不同的精神状态往往有着不同的隐含意义，下面我们就从不同方面找出这些隐含意义。

　　表情，精神状态的最佳诠释

　　"相由心生"。我们的精神状态总是通过面部表情无意识地表现出来，可以说，面部就像是屏幕一样，显示着人们内心的喜怒哀乐。在我们阅人的过程中，完全可以通过面部的表情来得到关于人们精神状态的蛛丝马迹。

　　当精神状态饱满时，人们的瞳孔会扩张，从而传递出一种积极的信号。这使人们给他人的印象大多是神采奕奕、精力十足。与此同时，人们的眉毛也会上挑，或者呈弓形。这时候，人们额头的皱纹会舒展开，嘴角的肌肉也会放松，嘴唇会完全呈现出来，而不是紧闭双唇。当精神状态良好时，人们的面部表情会十分柔和，但是不会有过于明显的表情。总体来讲，人们的表情会处于一种平和的状态。这时人们给他人的感觉大多是健康、平和、稳定。当精神状态差时，人们往往会身子前倾，视线低垂，嘴巴紧闭。眉毛也会呈现出紧张的状态，或是眉头紧锁，或是眉毛压低。这时人们往往处于不开心、烦恼的精神状态。而嘴角下垂则是非常明显的精神不振的信号。处在这种精神状态下的人们往往遇到了挫折或打击，因此看起来垂头丧气，无精打采。

身姿，精神状态的可靠证明

肢体语言多、手势多，是人们的精神状态活跃、情绪兴奋的暗示。在这种状态下，人们往往话语很多，语速较快，而且在说话时会伴随着很丰富的肢体语言，尤其是会用双手的手势来表达发自内心的热情。而人们在行走和站立时也会有好动的倾向，不会长时间维持一种姿势。在这种情况下，人们对周边事物的关注也会比较多。而僵硬、缺乏动感的身姿说明一个人的精神状态不佳。这样的人无论是站立还是行走，都表现出一种呆板的状态。他们往往沉默寡言，不愿与人交流，他们的肢体语言较少，往往长时间保持一种姿势，视线也会凝聚于某处，甚至是呆滞，而不是左顾右盼、关注四周。

不同精神状态下的不同心理特征

如果人们长时间保持同样的精神状态，我们可以从这些稳定的精神状态中找到有用的性格信息。而如果人们的精神状态有所改变，或者是神情的某些方面十分引人注意，那么，我们就应该仔细观察，找出变化的原因，看看在这些精神状态下反映着怎样的心理活动。

经常处于饱满精神状态的人性格往往乐观开朗、积极向上。他们往往有明确的奋斗目标并为之努力拼搏。他们热爱生活，充满自信，干劲十足。这样的人往往内心世界十分丰富，做事富有激情。这类人的生活大多比较顺意，没有太大的挫折和打击。而一个人如果突然间变得神采奕奕，那么他一定是心情愉快，遇到了开心的事。经常处于良好精神状态的人对眼前的生活比较满意。他们大多稳重冷静，做事有条不稳。这类人大多有很好的自我调节能力，能够在不同情况下调整自己的心态。这类人的性格通常不够外向，但是往往温和持重，容易得到他人的信任。经常处于消极精神状态的人敏感悲观，经不起打击。他们如果不是因为巨大的挫折或打击而消沉，就一定是心灵脆弱、多愁善感的人。他

统观全局，从整体角度阅人

们感性，缺乏安全感，因此需要他人的关心和帮助。他们有着消极的人生观，很少看到事情积极的方面，这样的人往往胆小懦弱，害怕冒险，缺乏勇气。

综上所述，人们不同的表情、身姿都可以反映出人的不同精神状态，而从人们的不同精神状态入手仔细分析，我们就可以进一步了解人的心理特征。因此，当我们与人交往时，不妨多留心人的精神状态，这样我们就能够读懂人的心理，打开人心的隐秘天地。

阅人笔记

行为是思想的折射。人们的内心活动往往会通过人们自身的各种行为表现出来，而能够迅速、准确地抓住这些蛛丝马迹则是读懂人心的必修课。胜利就在不远的彼岸，只要我们坚定信心，不断探索学习，就一定能成为阅人的高手。

装扮习惯泄露的心理软肋

装扮显示着人的个性和品位。在着装上，每个人都有自己的偏好，并且会费尽心思地利用服装将自己打扮得更完美。装扮是内心世界的展露，体现着人们的性格爱好和生活态度。

著名戏剧家莎士比亚曾经这样说过："千万不要华丽而低俗，因为装扮往往可以看出一个人。"一个人的装扮是一个人多方面特点的综合。其中不仅包含着个人的审美品位和气质特点，更与人的性格密不可分。所以，通过观察人们的装扮我们完全可以了解他们的性格。

有一个很成功的推销员，他不仅在推销鞋子时业绩出众，在他换了推销汽车的工作之后，仍然保持良好的业绩。为此，人们感到很不解，不明白究竟是什么原因使这位推销员能够如此成功地推销出看似差别极大的两种商品。于是有人向他询问，到底是什么原因使他轻松自如地创造骄人的业绩。这位推销员向人们道出了实情：原来他无论是在推销鞋子还是推销汽车时，都会通过顾客的衣着和鞋子来判断对方的职业、性格、经济等状况，这样在他对对方的个人状况有了大体的了解之后，就能量体裁衣地向对方推销他们认为满意的鞋子款式或者车型，这也就是他能够成功地将商品推销出去的真正原因。

这位推销员很会运用阅人的技巧，懂得如何从人的装扮中解读人的性格信息，因而能够出色地完成自己的工作。那么，不同装扮习惯到底会泄露人们怎样不同的心理信息呢？看看下面的讲解，我们会有所了解了。

服饰中的性格密码

服饰是个人综合气质的展现，集中体现着人的气质、风格、品位。生活之中人们也常说"人靠衣装，佛靠金装"，足见服饰的重要性。因此，服饰也成为了解他人个性的重要依据。

喜欢华丽衣服的人。有很强的自我表现欲，他们希望通过自己的服饰而显得突出，以便吸引别人的目光和关注。这类人往往也很虚荣，对物质生活有很强的欲望。

喜欢穿简单衣服的人。性格稳重踏实，对待他人也比较诚恳热情。他们比较理性，总是以客观的视角看待事情。他们做事踏实，勤勤恳恳，无论是学习还是工作都表现出极大的耐心。他们不狂妄自大，也不好高骛远、心浮气躁，而是安于现状，缺乏主动意识和创造欲望，也容易屈服别人。

统观全局，从整体角度阅人

85

喜欢前卫流行服装的人。普遍缺乏自信，没有自己的主见和观点，希望借助时尚的衣服来隐藏自己的缺点和不足。这类人往往比较情绪化，心情很不稳定，而且无法安分守己。

喜欢穿同一款式衣服的人。性格直率，他们讲原则，爱恨分明。这类人通常都很自信，处理问题高效果断，属于"言必信、信必行、行必果"的一类人。不过，他们也有些自以为是，不愿采纳他人意见，自我意识比较浓厚。

喜欢舒服自然打扮，不讲究款式剪裁的人。大多性格内向，自我意识很强烈。他们做事常常以自我为中心，不愿走入他人的生活圈子，因为这样，他们总是感觉孤独。他们的朋友不多，但是却大都是挚友，感情深厚。他们不喜欢主动接近他人，也不喜欢被人亲近，寂寞而又享受地生活在自己的小圈子里。

突然之间改变着装喜好的人。他们一定是心情发生了很大变化，并且在大多数情况下，他们脑子里正酝酿着新构想或新计划，并且已经下定决心将这些想法付诸实践。

通过鞋子看人

在多数情况下，人们往往把注意力放在人们的容貌和衣着上，却很少去关注鞋子。其实，鞋子和衣服一样，能够反映人的性格特点。而由于鞋子紧挨着地面，人们一般不会注意到鞋子。所以，要想深入地了解一个人，就要尽可能获得更加全面的信息，不能忽略了鞋子的重要性。

喜欢穿正统黑皮鞋的男人。他们很传统，家庭观念很浓。他们往往人品较好，对待朋友也很真诚，做事也讲原则。如果男性在休假或约会时仍然穿着正统的黑皮鞋，他很可能具有大男子主义倾向。不过，他们非常尊重他们的母亲。

喜欢穿休闲鞋的男人。幽默诙谐，温文尔雅，他们很看重休闲生活，很有品位。他们有很强的主观意识，对自己往往有很高的要求，而对异性也非常挑剔。此外，无论他们做什么事都喜欢掌握主动权，并且常常有先入为主的想法。和这类人交往第一印象非常重要。

喜欢穿运动鞋的男人。积极乐观，为人亲切自然。他们喜欢自由，不喜欢和心机较重的人相处。他们往往不注重生活规律，比较随意。

喜欢穿短靴的男人。感情脆弱，他们缺乏自信，非常看重得失，有时候虽然很叛逆，或者表现出不屑的态度，但他们的内心却很有安全意识，懂得怎样隐藏自己保护自己。

喜欢穿高跟鞋的女人。成熟大方，头脑聪明。她们为人坦诚，不会故意刁难他人。在生活和工作方面，她们对自己和周围人的要求都很高，并且会尽全力地投入其中。但是，由于她们所求太多，往往因为无法满足而情绪不佳。

喜欢穿靴子的女人。很有个性，热爱自由，喜欢无拘无束。这类女人若不是聪明有能力就是相貌出众，所以她们勇于表现自己，也有很多的追求者。

喜欢穿休闲鞋的女人。自我保护欲很强。她们往往能将心思隐藏得很好，所以她们往往外表坚强但内心脆弱。在恋爱方面，她们很容易和男性打成一片，唯独对自己喜欢的那个敬而远之。

喜欢穿凉鞋的女人。非常自信，她们喜欢展现出自己美好的一面。这类女人往往人缘很好，朋友很多，不过她们有些固执，总希望别人听从自己的意见。她们对另一半的要求也很多。

职场中的人们往往会通过细心装扮将自己认为最满意的一面展现给大家，而人们的装扮习惯会因个人的喜好、品位、性格等方面的不同而各具特色。因此，留意人们的不同装扮并熟记不同装扮习惯所代表的心理信息，我们就能更好地了解他人。

装扮是人的第二层皮肤。人们留给他人的印象往往与装扮的作用密不可分。然而，我们不能以感觉对人妄下判断，必须加上我们的细致观察和理智分析才能得出准确的结论。因此，我们不能放过任何有用的信息，对他人要多加留心才行。

读懂坐姿，揭下性情的神秘面纱

生活中，如果我们留心观察，就会发现人们的坐姿往往独具特色。这些各不相同的坐姿似乎是无意的，然而它们却透露着人们性情的秘密。学会解读各种坐姿的隐含意义，就能帮我们揭开人们性情的面纱，为我们的阅人锦囊再添一计。

如果我们足够细心就会发现，在生活中，人们的坐姿往往形态各异：有的人喜欢跷着二郎腿，有的人偏好双腿并拢，有的人则经常抖动腿脚……这些不同的坐姿看似随意而为之，但这些随意的行为恰恰能够泄露人的性格或心理特征。

因此，当坐在我们面前的人已经通过他的坐姿向我们发出了他的性情信号时，我们千万不能视而不见，要及时准确接收这些信号，从而推测出对方的性情。这样，即使是没有过多交往的陌生人，只要我们细心观察，用心分析，也能从其坐姿中了解到一些对方的性格信息。

通过面试后，小胡进入了自己心仪已久的公司。第一天上班，她打算尽可能地多熟悉各位同事和工作环境，因此她对周围的人和环境都进行了细致地观察。当她看到同事小戴时，发现小戴正两脚并拢、脚尖抬起、脚跟着地地坐在办公桌前。在大学期间辅修过一段时间心理学的小胡觉得从小戴这个坐姿看来，她可能性格比较孤僻、自我防卫心比较重，因此暗暗告诉自己，以后与她有往来时要很小心，以免在交往中出现麻烦。事情果然不出她所料，一段时间后，和她相处得比较好的同事小刘告诉她说，小戴这个人比较敏感，与她交往时要谨言慎行以避免出现不必要的不快。小胡很庆幸自己曾学过的心理学知识给她在为人处世方面带来了帮助。

故事中的小胡很懂得阅人的智慧，她从同事的坐姿中觉察到了对方的性格特征，对她以后的交往起到了很大的帮助作用。生活中的我们也应该向小胡学习，从人们的坐姿中读懂人的性格特点，它会使我们的人际交往变得轻松很多。

那么，人们不同的坐姿究竟透露着怎样的性格信息呢？看看下面的分析，相信我们就会对不同坐姿所体现的不同性格特点有大致的了解。

正襟危坐，两脚并拢并微微向前，整个脚掌着地的人：这种坐姿的人往往为人真挚诚恳，胸襟坦荡。他们做起事情来往往有条不紊，但容易较真，力求周密而完美，有时甚至会出现洁癖倾向。这种人外表看来冷漠，但实际上是外冷内热。他们行事谨慎，通常只做那些有把握的事，也因此显得古板，缺乏创新与灵活性。

跷着二郎腿的人：那些喜欢跷着二郎腿，并且无论哪条腿放在上面，都显得很自然的人往往比较自信，懂得如何生活，周围的人际关系也比较融洽；那些跷着二郎腿坐着，并且一条腿勾着另一条腿的人，往往为人谨慎且矜持，没有足够的自信，有时会犹豫不决，容易给周围的人留下性格复杂的印象。

脚跟分开，脚尖并拢的人：喜欢这种坐姿的人易犹豫不决，有时会过分表现得一丝不苟，因而不懂得变通。这种类型的人多习惯独处，交际圈很窄，通常只局限在亲近者的范围内。不过，他们的洞察力一般很强，能够用最快的速度对别人的性格做出准确的分析和判断，但是，有时会过高评价自己的能力。

敞开手脚而坐的人：这种坐姿往往暗示着这个人具有主管一切的偏好，有指挥者的气质，性格倾向于支配型；也可能是单纯的性格外向者，这种人有时会不知天高地厚。如果我们身边有女性采取这种坐姿，那么说明她们缺乏丰富的生活经验，经常会表现得自以为是。

双脚伸向前，脚踝部交叉的人：显示这一坐姿的男人通常还会将握起的双拳放在膝盖上，或双手紧抓住椅子扶手；而采用这种坐姿的女人往往会在双脚相碰的同时，自然地将双手放在膝盖上或将一只手压在另一只手上。遇到这种姿势的人我们要注意了，因为偏好这种坐姿的人往往喜欢发号施令，并且天生有忌妒心理。所以，他们很可能是很难相处的人。并且有研究发现，这是种具有防御意识的典型坐姿，当人们需要控制自己的感情，或控制紧张情绪、克服恐惧心理时，往往会摆出这种姿势。

腿脚不停抖动，并喜欢用脚或脚尖使整个腿部抖动的人：这种人最明显的表现就是自私，凡事从利己角度出发，往往对别人很吝啬，对自己却很纵容。优点是很善于思考，能经常提出一些别人意想不到的问题。

两脚并拢，脚尖抬起，脚跟着地的人：习惯采取这种坐姿的人往往谨慎持重，孤僻闭塞，对待事情经常持观望态度，并常常处于防卫状态。这种人天性敏感，承受不了别人哪怕是最轻微的指责，正是因为如此，别人会为避免引起他的过敏反应而避免谈论一些棘手且复杂的问题，因此这种人往往具有被隔离的孤独感。

把身体尽力蜷缩一起，双手夹在大腿中： 喜欢这种坐姿的人往往自卑感较重，谦逊而缺乏必要的自信，在与人交往中大多属服从型性格。

总而言之，同样是坐，人们呈现出来的坐姿却是因人的不同性格特征和心理特点而各不相同。在了解了不同坐姿到底透露着人们怎样的性情信息后，我们就可以在与人交往时通过对其坐姿的观察来获悉对方的真性情。

生活中人们的坐姿总是有所差别，而这些差别正是由于人的不同性格和心理所致。我们想要成为阅人高手，就要对这些差别看在眼里，用心分析，千万不能错过这个增加我们阅人智慧、锻炼我们阅人技巧的好机会。

启动站姿中的心灵秘密之钥

正如每个人都有自己独特的性格一样，每个人也都有自己独特的站立姿势。而对这些不同的站姿的正确解读正是开启不同人性格及心理秘密的钥匙。

生活中，我们每天都遇到形形色色的人，而这些人的站立姿势又往往因人而异，不尽相同。正是因为人们站姿有所不同，才在某种程度上体现着人的不同性格及其心理状态。因此，在阅人过程中，我们可以通过对方的站立姿势来了解其内心世界。

一次，何经理带着刚刚进公司不久的下属小杨去见一个新的客户。小杨见这位新客户穿着简单，为人亲切，看起来十分年轻，应该是个再普通不过的客户。于是他想要按照公司对待普通客户的常规做法与这位新客户商谈。然而经理却拉住了他，自己亲自上前交谈，并表现得对这位新客户不同寻常的热情。小杨暗自好奇，这位新客户一定不像看起来那么普通。果然，在接下来的商谈中，小杨惊奇地发现，这位新客户原来是另一家公司的领导，并且由于何经理的态度热情，两人交谈甚欢，做成了一笔很大的生意，也为公司赢得了一个可以长期合作的伙伴。事后，好奇的小杨找到经理讨教他是怎样"慧眼识领导"的，经理给他的回答是那位客户在那里双手叉腰而立，并且不时地用脚尖拍打着地面，这是典型的具有领导力的表现。直到这时，小杨才恍然大悟，原来一个人的站立姿势中也能有那么多的学问。

上面的例子启示我们，不同的站姿能够体现人们不同的性格及心理状态，因此我们就可以通过分析人们不同的站姿来了解人的性格及心理特征。

那么，人们不同的站姿背后到底隐含着怎样的性格及心理状态的秘密呢？下面就为你揭开谜底。

两腿交叉而立。常摆出这种姿势，表示此人内心里不平静，也缺乏自信。常见于初次参加某种大型会议或招待会的羞怯之人，或是处于紧张状态之下的人，在这种情况下还有一些人会用两手互抱双臂来缓解自己的羞怯及紧张。尽管他们有的人会努力表现出心情平静的样子，谈话也显得相当随意，但他们的姿势表明，此时他们的内心里并不平静，也缺乏自信；有的人则是明显地表现出小心翼翼且无所适从的拘谨。另外，这种姿势有时还表示保留态度或轻度拒绝的意思。到底是哪种我们可以根据实际情况分析。

手脚随意，站姿轻松。这是典型的表现人无拘无束的姿势。这种站姿的人要么是非常熟悉谈话场合和谈话对象，心理上十分放松，所以能表现出轻松自然的真我状态，要么就是本身性格十分自信，在交往中，很快就能够融入人群，故其能渐渐放松自己。总而言之，这一站姿是轻松自在的标志。

双手叉腰而立。这是个开放型的动作，做出这一动作的人，往往对面临的事物已经有了充分的准备，是自信心十足和精神上优越的表现。如果双脚分开比肩宽，整个躯体显得膨胀时，那么这个人往往具有潜在的进攻性。如果再加上用脚尖拍打地面的动作，那么则暗示着这个人很可能是具有领导力和不容置疑的权威性。

背手站立。这类人多半是自信心很强的人，喜欢把握局势，控制一切。一个人若采用这种姿势处于人面前，说明他是居高临下的强者或者具有居高临下的心理。而如果一只手从后面抓住另一只手的手臂，则可能是在压抑自己的愤怒或其他负面情绪。

双手插入裤袋。喜欢这种站姿的人往往城府较深，不会轻易向人吐露内心的情绪，性格上偏于保守、内向，做事时偏好步步为营、警觉性极高，不会轻信于人。当对方以这种姿势站立时，那么往往表明对方具有暗中策划、盘算的倾向，但若同时配合有弯腰曲背的姿势，则是心情沮丧或苦恼的反映。

双手交叉抱于胸前，两脚平行站立。这种人的叛逆性很强，时常会忽视对方的存在，具有强烈的挑战和攻击意识。不管遇上何种情况，他们都很会保护自己。他们好打抱不平，因为他们骨子里流的就是好斗的血。这种人的创造能力比其他类型的人发挥得更淋漓尽致得多，因为他们表现欲强，比其他人更敢于发挥自己。

双脚自然站立，左脚在前，左手习惯于放在裤兜里。这种人很会处理人际关系，他们从来不给别人出什么难题，为人敦厚笃实。这种人平

统观全局，从整体角度阅人

常喜欢安静的环境，给人的第一印象总是斯斯文文的，不过一旦他们碰上比较气愤的事，也会一反常态，暴跳如雷的样子会让人大吃一惊。

双脚自然站立，十指相扣在腹前，大拇指相互来回搓动。这种人具有极强的表现欲望，做人高调，喜欢在公众场合大出风头。他们大都争强好胜，容不得别人比自己强。不过虽然他们喜欢出入社交场合，实际上他们的人际关系却很差。虽然他们遇事敢做敢当，这使得他们的形象略有改观，但仍然免不了他们不合群的命运。

不能静立，不断改变站立姿态。习惯这种站立姿势的人往往是典型的行动主义者，他们性子急，脾气暴躁，身心常处于紧张的状态之中。在生活中喜欢接受新的挑战，并常常不断改变自己的思想观念。

从上面的分析我们可以看到，不同人的站姿彼此之间有着很大的差别，每一种站姿都显示着人们各自不同的心理状态和性格特征。因此，在交往中留意人的不同站姿并加以分析评判，我们就会在对对方的心理状态和性格特征有所了解的同时获知人心里的秘密。

阅人笔记

每个人都有自己习惯的站立姿势，这些独特的姿势往往折射着人的不同性格及心理状态，透析这些姿势背后的秘密，能够使我们阅人的智慧更加丰富。

性格指明灯，走路方式很重要

走路方式是人们"精""气""神"三个方面的综合反映，因此在阅人之术中有着非常重要的意义。读懂人的走路方式能够让我们在瞬间看穿对方的心理，成为名副其实的阅人"高手"。

生活中，如果我们留心观察就会发现，人们总是有自己独特的走路方式，很少与他人相似或是相同。其实，走路方式也是个人性格的体现，也是一种表露性格的无声语言。人们的走路方式多种多样，而不同的走路方式则有着不同的意义。

步伐平稳型的人。注重现实，做事沉稳，头脑精明。他们虽然有很强的行动力却不好高骛远，做事之前总是三思而后行。这类人不轻信人言，重信义，重诺言，是可以信赖的人。

步伐急促型的人。做事快捷，注重效率，时间观念强。这类人不论是否有急事，都步履匆匆。他们办事明快而有效率，遇事不会推卸责任，而且精力充沛，不惧压力，喜爱面对各种挑战。

走路时上身微倾型的人。个性平和内向，谦虚而含蓄，不会花言巧语，为人务实，但有些不知变通。他们与人相处时虽然表面上沉默寡言，看似冷漠无情，但实际上却极重情义，一旦成为至交，至死不渝。

走路时昂首阔步型的人。往往以自我为中心，凡事都靠自己。他们自信满满，喜欢独来独往，对人际交往比较淡漠。但他们思维敏捷，做事有条有理，富有组织能力。这类人对自己要求很高，始终希望保持自己的完美形象，是典型的完美主义者。

走路时款款摇曳型的人。多为女性，她们腰肢柔软，摇曳生姿。但是千万不要认为她们是故意如此，因为她们中多数为人坦诚热情，心地善良，容易相处，在社交场合永远是中心人物，而且颇受欢迎。

走路时步履整齐双手规则摆动型的人。似军人一般，意志力很强，具有高度组织力，但偏于武断独裁，对生命及信念固执专注，不易为人所动，而且不惜任何代价去达到自己的目标与理想，很少会听取他人的意见，因此在社交中往往不太受欢迎。

走路时呈八字形的人。这种走路姿势又可分双足向内或向外勾，形成八字状。这种姿势走路的人走起来用力而急躁，但是上半身却不左右摇摆。这种人不喜欢交际，但是头脑聪明，做起事来总是不动声色。但其中不乏有人有守旧和虚伪的倾向。

走路时随便的人。这类人步伐随便，没有什么固定的规律，有时双手插进裤袋里，双肩紧缩；有时双手伸开，挺起胸膛。这种人达观、大方、不拘小节，慷慨有义气，有创立事业的雄心，但有时会夸大其词、喜爱争执、不肯让人一步。

走路时踏地的人。他们走路时双足落地有声，挺胸抬头，举步快捷。这种人胸怀大志，富有理想和热情。他们有很强的进取心，总是力争上游。在处理问题时，他们总是理智与感情并重。

走路斯文的人。这类人走路双足平放，双手随着步伐自然摆动，没有扭捏作态，但是走起来却异常斯文。这种人的性格多胆小怕事，他们有些保守，缺乏远大理想和抱负，但是他们遇事冷静沉着，脾气温和，不易发怒，是很好的朋友与伴侣。

走路冲锋的人。这种姿态走路的人举步急速，从不后顾，不论人群拥挤之地或寂静之地，一样横冲直撞。他们性格急躁，但是为人坦诚。他们喜欢交谈，重视朋友感情，不会做出对不起朋友的事。

走路踌躇的人。这类人走路时举步缓慢，好像踌躇不前，仿佛前面布有陷阱似的。这样走路的人在生活中并不多见，他们通常性格软弱，逢事谨小慎微，严格考虑之后方可行动，但他们憨厚耿直，胸无城府，重视感情，且他们在交友方面非常谨慎。

走路混乱的人。这类人在走路时双足双手挥动不一致，走路的步伐也长短不齐，而且频率复杂。这种人往往善忘、为人多疑，而且做事没有条理，不负责任。这类人大多性格古怪，让人感觉摸不着头脑。因此和这种人相处颇为费力。

走路观望的人。这样走路的人行走迟钝，走路时喜欢左观右望，而且闪闪缩缩，仿佛做了亏心事，让人感到可疑。这种人往往胸无大志，爱贪小便宜，他们不善交朋友，喜欢独居生活，独来独往。他们在工作方面也往往效率很低。

走路作态的人。这种人走路时如随风杨柳，左摇右摆，前顾后顾。这种方式走路的人喜欢装腔作势，爱摆排场。他们做事不肯负责，而且气量狭隘，不能容人，这类人大多奸诈，善于谄媚。

阅人笔记

通过走路方式看人心理是一种非常实用的阅人技巧。它不需要我们对人进行近距离地接触和观察就能知晓人们的性情。因此，我们要牢记不同走路方式所代表的性格含义，这样我们就可以根据人们的走路姿势看透人们的性格特点。

从谈心事的姿态看人的内心丘壑

心事大多涉及人们内心深处的隐秘话题，是人们不太愿意表达出来的部分，而人们谈心事时往往都是真情流露。因此，观察人们在谈心事时的表现可以帮助我们更好地了解这个人。

人们谈论自己心事的时候，通常都是卸下了平日里的伪装，表露出了真实的自我。这个时候的人们大都放下了戒备心，而人们此时的表现，也更为真实可靠。我们要想对他人有更深的了解，就要抓住这一契机，寻找深藏其中的个性信息。

谈心事时用手不停抚摸下巴的人

这样的人很喜欢思考，他们非常注重理性思维，而且非常享受思考带来的乐趣，因此他们常常一个人陷入沉思中，不管周围的人在讲什么、在做什么，他们都充耳不闻、视而不见。他们的这种表现我们完全可以用下面的办法进行验证，那就是当我们再次看他不停地抚摸下巴时，询问他们你刚刚讲什么，他们一定是答不出个所以然来。这种人虽然是喜欢想东想西，但是他们一般心术颇正，还不至于会去算计别人，施展一些小伎俩。他们的思考并不是为了争取什么或是得到什么好处，只是享受于思考本身。但是，这类人有时候会钻牛角尖，一个人陷入思考的迷宫中走不出来。因为他们容易胡思乱想，所以他们在人际关系的表现上也是比较神经质一点，而且他们的感觉也非常敏锐，常常发现一些别人注意不到的问题，而且还习惯将问题扩大化。在了解了他们的人际特性之后，我们与这类人相处时就要避免给他们一些暗示，也要尽量避免一些不经意的小动作。他们是很敏感的人，什么事没讲开就会一个人乱想，是很麻烦的。

谈心事时一只手托住脸颊的人

这种人是属于做人做事比较没有冲劲的人，他们会一只手撑着脸颊，表示他们根本无法专心地听对方讲话，而是感觉无趣，只期待对方快点结束话题。而轮到他们发言的时候，他们则滔滔不绝，不会顾及对方的感受。这类人有些盲目自大，而且做事经常以自我为中心。事实上，他们也不是真有那么多话要讲，只是觉得听他人讲话是一件很烦的事而已。这种人缺乏耐心，做事也经常半途而废，无法持之以恒。他们喜欢新鲜的事物，喜欢变化，但是却不能长久地将注意力放在某件事上。这种人通常是整天懒懒散散地，做什么事都提不起劲，对于朋友的事也不会很热心，似乎一整天就想发呆。如果和他们不是很熟，那么在和他们讲话时他们就会一只手撑着脸颊，如果这样的话，我们最好就赶快结束话题，不然就是换一个他们感兴趣的话题，才不会得罪对方。

谈心事时不停揉搓耳朵的人

由他们谈心事时不停地搓耳朵来看，他们是属于那种静不下来的人，他们不喜欢安静，也害怕孤独，总喜欢凑热闹。他们往往活力十足，总是不知疲惫地做各种事来获得精神上的满足。但是，他们做事不够踏实稳重，喜欢变动，注意力不持久，很难在一件事上投注过多的精力。这类人大都是很喜欢讲话，但却不喜欢当听众的人。这类人通常在一个人不耐烦的时候，可以控制自己的声调和表情，隐藏自己的真实情绪，避免让他人发现他们的不耐烦。但是，他们的肢体往往会泄露他们内心的真实想法，会在下意识中就做出一些透露他们心中讯息的动作，而这些是人无法去刻意避免和伪装的，就算他们的肢体表演功力非常高，也会在不知不觉中露出一些破绽。如果我们发现我们的听众一直地摸耳朵，那么这个时候，我们最好停一下来征询对方的意见。不然，很有可能是我们说我们的，而他们则烦他们的，双方无法有一致的看法，那么，人际关系就不容易搞好了。

生活中的人们免不了要有与人谈心事的时候。而在谈话的过程中，不只是人们的谈话内容千差万别，即使是谈话时的姿态也是因人而异的。这些不同的姿态反映着人不同的心理状态和个性信息。记住这些不同的姿态所代表的个性含义并在交往中多留心观察，我们就会更容易读懂人的内心，快速成为阅人高手。

阅人笔记 📖

人们能够与之谈心事的人往往是信得过的人，但是，这并不等于两个人的关系非常密切，也不等于真正获得了对方的认可。从谈心事时对方的心理活动可以看出，人们总是有着不易被他人察觉的感受和想法，而这也是人心难测的一个表现。因此，了解对方的想法在人际交流中很有必要，这也正是我们学习阅人之术的原因所在。

个性晴雨表，乘车习惯有乾坤

　　人们出行时很多时候要选择乘车。如果我们细心观察，就会发现这样一个现象：人们往往有着自己固定的乘车习惯，这些不同的习惯恰恰与人的个性有关，因此不同的乘车习惯也就成为了我们判断人们不同个性的晴雨表。

　　如果我们常乘车，就会发现人们的乘车习惯大不相同。人们的这些不同表现在不经意间透露着人们不同的性格信息。

　　喜欢坐在司机后面的人。往往缺乏自己的主见，他们很容易因为别人的影响而改变自己的计划。他们一般判断力不强，做事时常犹豫不决，优柔寡断，常常会附和别人的看法，没有自己的主张。

　　喜欢坐在车尾的人。大多善于思考，他们往往比较理智，在处理事情时常保持客观冷静的态度。他们善于倾听和观察，很多时候会保持中立者或者旁观者的立场。他们很注重自我保护，对个人的安全尤为注意。

　　喜欢坐后排中间的人。稳重踏实，这种人做事往往认真负责、循规蹈矩，不懂得变通。他们喜欢平稳安静的生活，不喜欢奔波，也不愿冒险。他们大多不善于处理人际关系，缺乏必要的应变能力。这种人的生活一般比较平稳，往往没什么太大的波折，但他们往往不会有很大的成功。

　　喜欢坐过道旁的人。有主见，这种人往往很有自信，解决问题时有自己的模式，用自己喜欢的方式去处理事情，讨厌受到别人的束缚。

喜欢坐单人座位的人。往往性格孤僻，这种人多喜欢独来独往，不喜欢和人打交道。他们多有很强的自我保护意识，对周围的事物常保持很高的警惕性。

喜欢坐在车窗跟前的人。大多判断力强，有些人习惯在上车后选择靠窗的位置入座，这种人往往头脑很冷静，观察力强，勤于思考。他们一般对权势、地位、金钱看得不是很重，善于明哲保身。

找第一印象好的人同坐的人。往往警惕心强，自我防范意识很强。很多人上车后，会在车厢内寻找看起来第一印象好的人同坐。这里所说的第一印象好多是指那些举止谦和，看起来能够和谐相处的人，因为这样的人会让他们产生安全感，是他们同坐的最佳选择。例如某辆公交上有两个空位，一个旁边是健壮有力的男人，另一个旁边是面慈目善的老太太，显然后者对人造成威胁的可能性比前者低，因此他们大多会选择后者与其同坐。而这也正是他们自我防御意识强的表现。

过分在意座位余温的人。接受能力差，有些人坐在别人刚刚坐过、尚有余温的座位会很不自在，一些人甚至会站起来，等座位凉了再坐。这些反应说明他们比较敏感，心理健康程度不佳。这些人在生活中一般很难接纳自己，同时也很难接受别人。

在车上对手机大声讲话的人。大多不善于处理人际关系。我们在乘车时常会看到有些人很大声地对着手机讲话；而且有些人坐下后把腿伸得很长，还有一些人把包放在旁边的位子占座。从心理学上看，这些人的行为表现说明他们过于以自我为中心。这种人一般不懂得换位思考，不关心别人的需要，在平时的生活中习惯沉溺在自己的世界里，很少顾及别人的感受。因此，当自己的行为对别人造成了很大不便，自己却往往浑然不知。这些人不仅在车上不受人欢迎，他们在生活中也不常去关心和帮助周围的人。通常这些人的人际关系也处理得不太好。

喜欢站着的人。表现欲强，有些人在上车后，即使是车上有空余的座位他们也会选择站着，这种人除了身体因素或者是马上下车的原因之外，大多有着很强的表现欲望，他们喜欢做些与众不同的举动来引起周围人的关注。

爱找人聊天的人。心态积极，性格外向。在公交上我们往往会碰到很多相对健谈的人，他们往往会很快与周围的人打成一片，相谈甚欢，尤其是喜欢谈论自己的经历，表现出乐于与人分享、自我开放的态度，并且在分享中得到快乐和他人的肯定。这说明他们具有积极的心态，喜欢与人交往，性格外向。

呼呼大睡的人。有更多的安全感。有的人在乘车时习惯保持沉默，或者干脆呼呼大睡，完全不介意他人的存在。这种人往往心理上十分健康，因此更容易呼呼大睡。也正因为如此，更说明了他们比别人有更多的安全感。

由上面的分析我们可以看到，人们乘车时在车上的表现有很大的不同。这些不同的习惯看似很平常，却能在无意间透露乘车人的性格特点。要成为阅人高手的我们，一定要练就一双法眼，看穿这些不同习惯隐藏着的不同的个性信息。

阅人笔记

乘车是一种比较普遍的出行方式，而人们在乘车时的行为表现往往各不相同。只要我们细心观察，仔细分析，总能从人们不同的乘车习惯中寻找到体现人们不同性格特点的蛛丝马迹。

笑傲职场，你就是阅人高手

　　走入社会，跨入职场，要想事业成功，并且得到他人的认可，就需要明察秋毫，见微知著，快速看透对方的内心世界，在职场中游刃有余。

以礼物鉴人，礼尚往来中的个性含义

古人云："来而不往非礼也。"在职场中，人们往往通过互赠礼物来表示友好和礼节，以加深或巩固彼此之间的感情。在大多数情况下，送礼物已经成为职场中一种约定俗成的礼数。送礼物在职场生活中很重要，而礼物的选择也往往能体现出送礼人的个性特征。

人类学家认为，礼物是自己智慧和才干的展示，更是对他人理解和认可的体现。不同的人在选择礼物上往往不同，因为礼物中体现着送礼人的偏好和性格特点，以及他对接受礼物之人的了解和认识。因此，从礼物中找到送礼人的性格线索在职场阅人中很有必要。

公司有每到节日就互赠礼物的习惯。眼看节日又到了，大家也开始了例行的互赠礼物。公司的小陈是老员工了，他收到了公司新来的小田的礼物。拆开了小田的礼物后，他马上挑选了一份精美的礼物回赠给了对方。公司其他的人很不解：为什么对于一个新来的员工，他会那么在意地选了份精美的礼物送给对方。小陈解释道："小田送了份很贵重的礼物给我，而小田的这种做法表面看来是慷慨的表现，但是更深一步讲，这表明小田是个注重虚荣、看重对方回报的人。因此，我应该回赠一份很讲究的礼物，不然他会觉得自己面子上过不去，觉得自己的付出没有得到相应的回报，因此很有可能造成他对此事耿耿于怀，这样对以后的交往是不利的。"

小陈很聪明，他准确地捕捉到了隐含在礼物背后的个性含义，这不仅有助于小陈了解他人，更有助于保持良好的人际关系。那么，不同的礼物中到底隐藏着怎样的个性信息呢？看看下面的几点建议就知道了。

送自己喜欢的礼物给他人。这类人大多独立自强，但是内心脆弱，缺乏安全感。在他们小时候，有些礼物是他们特别想要却没有得到的，正因为这样造成了他们对关爱的强烈缺失感。他们是需要安全感的人，因此，他们有强烈的占有欲。他们害怕伤害，总是将自己保护起来。因此他们很难相信别人，总是患得患失，爱护自己多于他人。这样的人很难打开自己的心扉，但是一旦他们开始相信某个人，接受他做自己的朋友，那么他们对朋友会非常好。

送贵重礼物的人。过度慷慨的本质是强烈的占有欲和支配欲。送礼时的挥霍暗藏一种不由自主统治别人的欲望，需要对方回报和尽义务。这样的人大都虚荣，爱面子。他们需要他人的认可和承认，希望通过贵重的礼物得到他人的关注和重视。这类人的自我意识都很强，是非常强势的一类人。他们喜欢掌控一切，无论是工作还是生活，他们都希望凡事按照自己的意愿发展，而一旦事与愿违，他们就会非常不快乐。

送实用的礼物给他人。这类人往往最令人失望，也容易引起接收人的误解，因为他们送的礼物不仅普通乏味，有时甚至会适得其反。比如送给身材偏胖的人一份减肥计划，给某方面能力不够的人一次培训的机会。这些礼物说是对人们有所帮助，但很像是在揭别人的短处或故意侮辱人家。送这种礼物的人在大多数情况下并无恶意，除非和对方非常不合。他们只是过于粗心，没有顾及他人的感受。这类人往往古板、不知变通，他们缺乏观察力，也缺乏创造力。他们不够体贴，做事也不细致，是粗心大意的一类人。

很少花钱送礼物，能不送就不送的人。这类人表面上看来很吝啬，其实他们背后往往隐藏着既脆弱又矛盾的自恋情结。他们大多自我感觉良好，非常坚信自己的想法。他们有些固执，不愿听取他人的意见，也不会轻易受到外界的影响。他们有些盲目自大，过于相信自己，但是他们有时也盲目自卑，自怨自艾。他们的想法经常处于矛盾之中，是内心纠结的一群人。在他们看来，送礼是展示自己而不是取悦他人的。所以，为了不让人失望，他们选择少送或不送。

送代金券的人。这是一群非常讲求实际的一群人。他们务实、稳重，做事干脆利落。他们性格含蓄，非常注重他人的意愿。同时送这类礼物的人还有可能是漫不经心，有很强的从众心理，没有注意他人的喜好和兴趣。这时，我们就要结合实际情况进行分析。

送自己设计的礼物的人。这类人非常有个性，而且创造力及动手能力极佳。他们非常注重别人的认可，并且对自己很有自信。他们往往是富有生活情趣、乐于享受生活的一群人。他们喜欢变化，追求新奇，不喜欢一成不变。这类人心思细密，观察力强，懂得顾及他人的感受。

送便宜小礼物的人。他们可能有些不够大方，并且总有一些小心思。但如果他们平时很热情，和你关系还不错，那么不要被这种人的外部表现所迷惑。其实这种人非常值得密切注意，他们非常善于迎合别人，并表现出他人喜欢的一面。但是他们的内心里却另有想法。他们比较关注自己，非常善于人际交往，懂得如何笼络人心，因此，在遇到这种人时，我们一定要多加注意。

在职场中，礼物的作用是不能忽视的，因为礼物除了表示友好和礼貌外，与送礼人的性格也有着密不可分的联系，因此，想要了解他人，就不能不重视礼物中所传达出的个性信息。

阅人笔记

在了解了礼物的个性含义之后，我们也应该在送他人礼物的时候多加注意，因为他人也往往根据我们的礼物对我们的个性进行判断。礼物表达的是一份心意，我们切不可忽略了礼物的重要性，这样既失了礼数又影响了他人对我们的看法。

握手姿势传达的心灵坐标

握手源自于欧美国家，是人们见面表示友好的方式和礼节，但现在已经成了最普遍被采用的"见面礼"。事实上，握手不仅与双方关系的发展息息相关，还能反映人的性格特征。

握手是一种社交礼仪，在人际交往中有着丰富的内涵和非同寻常的意义。握手可以表达友好的感情，可以沟通双方的情感，加深理解和信任；握手也是一种表达尊重的方式，可以营造良好的第一印象，为接下来的交流奠定基础。然而，握手也能传达出一些负面的信息，比如淡漠、逢迎、敷衍……握手的方式不同，所表达的意义和内涵也不相同。而这些不同，往往与握手人的性格有着非常紧密的联系。

美国的一位心理学家曾在一本专门研究人类行为和性格关联的著作中指出，一个人握手时的方式和习惯最能反映他的个性。因此，想要了解人们的性格，可以从握手中着手，找寻隐含其中的个性信息。然而，握手看似简单，但每个人的握手方式都各有特点，都传达着不同的个性信息。所以，要想通过握手来了解对方，就不得不对这些不同类型的握手及其性格含义进行全方位的了解。

那么，怎样才能从握手这一社交礼节中洞悉他人的性格呢？下面几点将会对此进行详细介绍。

漫不经心型。这样的人在握手时只是轻柔触握。这类人往往性格谦和，开朗，宽容大方。他们处世变通灵活，善于听取他人的意见。这类人绝不偏执，非常洒脱，他们处世低调，但比较从众，容易随大流，缺少主见和想法。

大力水手型。这样的人握手时紧握对方手掌，力气很大，握得密不透风。这类人精力充沛，做事有冲劲，而且非常自信。他们坦率热情，坚强开朗。但是这类人也有些逞强自负，独断专行。他们渴望征服，具有很强的领导才能和组织能力，是天生的领导人物。

双手并用型。这类人握手时习惯用双手握持对方。他们积极热情，品质温厚，心地善良。他们真诚坦率，对朋友推心置腹，非常值得依靠和信赖。这类人不善于隐藏自己的情绪，很容易将自己的喜怒哀乐表现出来。他们善恶分明，做事很讲原则，是非常正直的一类人。

长握不舍型。这类人握手时握持对方久久不放，很长时间都不收回。这类人情感丰富，很重感情，喜欢交朋友，并且热性真诚。一旦与他们交上朋友，他们会对朋友忠诚不渝。如果对方以这种方式握手，也表明他对你很感兴趣，想大胆直白地与你进行更深入的交流。但是，如果在谈判前，对方握着你的手不放，则可能是他在测验两个人之间的支配权，此时如果你先收回手，说明你没有对方有耐力，交涉时胜算不太大。

握手上下摇摆型。这类人在握手时紧抓对方，不断地上下摇动。这样的人天性乐观积极，属于不折不扣的乐天派，他们对生活充满了热情和喜爱，而且心中总是充满希望。正是因为这样使他们充满了感染力，总是成为中心人物，受人爱戴和倾慕。但是，他们有时也会盲目乐观，忽视了从实际角度看待问题，所以有时候有些不切实际。

握手沉稳专注型。这样的人握手时力度适中，动作稳实，双眼直视对方。他们大都具有坚强的个性，做事专注认真。他们有耐心和恒心，绝不半路退缩。他们为人坦率，责任感强，非常可靠。这类人往往思维缜密，逻辑感强，他们非常注重理性，擅长推理，经常能为别人提出有建设性的意见。而且他们热诚，乐于助人，每当有问题或困难出现时，他们是很好的求助对象。他们会很快地找到问题所在并提供切实可行的解决办法，非常值得信赖。

规避握手型。这样的人往往在对方伸出手后犹豫片刻才慢慢将自己的手伸出来。他们性格内向，不喜与人交往，而且做事大多拖拖拉拉，优柔寡断。他们很保守，不容易接受新事物，有些古板守旧。但他们感情真挚，虽然他们不容易付出感情，可是一旦付出感情之后便会情比金坚，矢志不渝，对友情如此，对爱情亦如此。

象征性握手型。这类人在握手时握手时间短，而且很轻，只是做出握手的动作便很快收回。以这种方式握手的人个性软弱，容易屈服，而且大多没有自己的主见，人云亦云。他们还有可能是情绪低落，遇到了打击挫折或不开心的事。如果是这样的情况，就不适合和他们进行深入交谈。

握手中体现了人们多方面的性格信息。如果我们想试探一个人是否在骗我们，也可以一边握着他的手一边询问，如果开始他的手掌很干燥，中途突然冒出汗来，说明那一刻他心中有鬼。

阅人笔记

握手方式也关系着第一印象的好坏。我们可以根据实际需要选择不同的握手方式。这样，既能够赢得他人的好感，又能够将自己的性格很好地隐藏起来，不被他人看穿。

笑傲职场，你就是阅人高手

109

看穿心理，找出开场白中的隐含信息

在社交场合，人们的开场白不尽相同，总是带着鲜明的个人特色。因此，通过开场白，我们完全可以判断出人们的性格倾向，看透他们的内心世界。

职场中，人们在正式交谈之前往往先说一些礼貌性的话作为铺垫，然后再进入交谈的重点，这就是开场白。开场白虽然是正式交谈之前的过渡，没有实际意义，但是，不同的开场白方式往往体现着不同人的性格特征，因此我们要多加注意。

小吴是某打印机公司的业务员，负责打印机的推销工作。面对着自己的新客户郑总，他作了这样的开场白："郑总您好，您知道吗？现在的激光打印机不仅性能好，价格也非常便宜，原先一台的价钱，现在能卖给您三台！"他的话引起了郑总的注意，两人接下来详谈了关于打印机性能及价格的信息。后来小吴成功地向郑总推销出了自己公司的打印机。事实上，在小吴之前已经有过几家其他公司的业务员要向郑总推销打印机了，他们在作开场白时总是先不忘解释自己的职责，介绍自己来自某某公司，公司通过改进提高了打印机的某某性能，能为买者提供某方面的便利等，结果是郑总不等对方讲完就以自己忙没时间考虑将他们支开了。而对于小吴，郑总后来这样评价道："他的开场白简短有力，一下子说出了我想要的东西，节省了双方的时间。从这点也可以看出这个人做事干脆利落高效，我愿意和这样的人合作，因此才选择把机会留给了他。"

小吴的开场白简短而又有力，呈现给客户利落果断、讲究效率的印象，赢得了对方的好感。事实上，人们的开场白除了像小吴这种简短型的之外，还有其他不同的方式。寻觅开场白中的个性信息并不难，只要我们细心倾听，就会找到线索。那么开场白中到底隐藏着怎样的个性信息呢？看看下面几点就知道了。

开场白里的性格学

简短类型的开场白。这是一种干脆利落的开场方式。简简单单的几句话，不拖泥带水，不虚与委蛇。这类人的性格往往利落果断，他们做事高效，不喜欢烦琐的礼节和过程。他们做事讲求方法和效率，不愿意在无谓的事情上浪费时间和精力。他们一般为人直爽，诚实正直，不喜欢拐弯抹角，是很好相处的一类人。当然，采取简短的开场白也有可能是担心听着不耐烦而缩短语言，或是因心情不好或事件原因而造成的，这就需要结合实际情况多加注意。

长篇大论型的开场白。跟简短的开场白相比，这类人的开场白长篇大论，内容东拉西扯。本来很简单的事情到了他们那里就复杂无比。以这种方式做开场白的人往往做事慢条斯理，讲求按部就班。这类人做事很注重逻辑。但是，他们往往因为过于注重条理而降低了办事速度。这类人有些固执，不知变通。他们是传统观念的拥护者，不喜欢变化。他们做事小心谨慎，缺乏冒险精神和勇气，畏畏缩缩，踌躇不前。不过，这类人往往能为他人着想，他们会考虑他人的感受，担心过于简单直接的方式会让他人难以理解。同时，长篇大论的开场白也说明了他们不自信，害怕得不到他人的重视和认可，所以想通过长篇演讲来获得他人的认可。

空谈型的开场白。这是一种言之无物、离题万里的开场白。这类人说话既没有主题，也没有重点，更没有逻辑。他们的话语内容广泛，但因为缺乏中心而显得零散，话题的跳跃性非常大。他们滔滔不绝、口若悬河，但听众往往不知所云、一头雾水。这类人的逻辑思维很差，他们不善于思考，理解分析能力也很差。他们虽然善于语言表达，但却因为内容空洞而缺乏说服力。他们做事没有计划，也不讲条理，因此办事速度非常慢，看似很忙，但却很少能把事情做好。习惯采用这种开场白的人喜欢表现自己，也很自信，但因为对自己缺乏足够的认识往往适得其反。

遣词造句有玄机

在作开场白时，人们在遣词造句上往往有自己的偏好，这些不同的偏好与人们不同的性格特点有着密不可分的关系。下面我们就来看看遣词造句里的性格玄机。

喜欢用"在下……"作为开场白的人，大都开朗、乐观、积极，他们是童心未泯的一类人，也因此有些不够成熟，不过他们的性格往往让他们有很多朋友。

常常使用"我……"的人喜欢表现自己，希望得到他人的认可和称赞。他们的自我表现欲强烈，是很自大的一类人。

喜欢用"我以为……"的人在表达意见方面很慎重。他们做事小心谨慎，对他人的警戒心和观察能力很强。

开场白中多用敬语的人阶级意识强。如果说话人发音重、用力强，则这类人属于权威性格的人。若是讲话发音轻，并多用礼貌语言则属于服从性格的人。

开场白中惯用流行语说明这个人虚荣心强，喜欢装腔作势。他们希望通过标新立异来表现自己，但这样的人往往缺乏自主性。

人们多种多样的开场白方式以及各具特色的遣词造句都隐含着不同的性格信息。因此，留意人们的开场白并仔细分析，我们就能够获知人们的性格信息。

阅人笔记

人们常说："三句话不离本行"，而这句话也反映了人的言谈是内心世界的反映这个道理。开场白是我们接触一个人言谈的最先方面，因此，听话听"音"，从一开始就抓住他人的性格特点对我们接下来对其进行性格观察大有裨益。

找到客套话中的内心风向标

在日常交际中，人们经常讲一些客套话。客套话是交际中人们心照不宣的一种礼节。然而，我们不能听取客套话的字面含义，而是应该从不同人对不同客套话的使用中找到有关人们内心世界的暗示。

日本语言学家桦岛忠夫说"客套话显示出人际关系的密疏、身份、势力，一旦使用不当或错误，便扰乱了应有的彼此关系"，足见客套话的重要作用。客套话是一种礼貌，因此并不一定反映对方的真实想法。所以，我们要对这些客套话加以区分，弄清对方是真心还是假意。

光说不做是空话

小李因公事到同事家拜访，在谈完了公事之后，两人又谈了一些题外话。眼看日落西山，天色已晚。小李起身告辞，同事说："再聊一会儿再走吧，反正周末也没什么事忙。"小李也没有推却，就再次坐了下来，但是同事却看了几次时间，交谈的兴趣也大大减少。于是，小李赶紧告辞离开，而同事也没有推脱。

笑傲职场，你就是阅人高手

小李最开始的留下就是错误的，因为他没有注意到客套话只是一种礼貌，是人际间应酬往来的固定礼节，而他却把同事的客套话当真了。不过他很快就意识到了自己的失误，因为他不仅注意到了同事看表的姿势，还注意到了同事根本没有再继续闲聊的意思。

因此，在听对方的客套话的时候，要想辨别对方是真心还是假意就要看看对方是不是有所行动，如果对方没有什么表现，那一定是空话，对方心里并不是像他说的那样想的。

客套话牵强的人别有用心

菲菲和小云同在一个部门工作，她们的关系虽不算密切，但也小有往来。一天，小云主动来找菲菲，两人照例客套了一番。可是，菲菲却感觉今天的小云与以往不同，因为她显得非常客气，还说了很多夸赞菲菲的话，甚至让人感觉有些牵强。就在菲菲疑惑不解的时候，小云说出了她的请求，原来，她希望菲菲帮她处理一些工作上的问题。

从上面的例子我们可以了解到，小云之所以表现得与以往不同，是因为她有求于菲菲。正因为这样，她的客套才会让菲菲感到牵强和疑惑。这样的例子并不少见，而当我们遇到这样的情况时就应该注意了。因为客套话既表示着说话的双方有一定的联系和往来，又说明两个人的关系存在着一定的距离，并不是十分亲密。但是，如果客套话说得过于"客套"，则会显得有些过火，甚至让人感觉虚情假意。

因此，当我们和别人打交道时，如果对方的客套话说得过于谦卑客气，以至于听起来很不习惯时，就要注意对方是不是别有目的，比如对我们有所求或是想和我们套关系。

附庸风雅的客套话

小金要与客户谈一笔重要的生意。在两人相互客套时，对方时不时地使用一些成语。注意到这一点之后，职场经验丰富的小金有意在交谈时向对方表现出了欣赏之情，并且给对方更多的表现自我的机会。果然，小金的做法让对方非常开心，轻轻松松地就谈成了这笔重要的生意。

看了上面的例子之后，你也许会问，小金是怎样知道如何赢得客户的好感。其实，问题的关键就在于对方的客套话上。在客套的时候，有些人非常乐于使用一些历史典故，或是成语诗词，这样的人大都有很好的社会地位和身份，他们受过很好的教育，教养良好。但是，他们喜欢表现自己，虚荣心很强。他们在乎他人的眼光和评价，希望得到认可和尊重。他们强烈的表现欲也证明了他们自我感觉优越，他们很自信，自我感觉良好，热衷于吸引他人的注意和目光。而小金恰恰是利用了对方的虚荣心和表现欲来赢得对方的好感。

过分谦卑的客套话

小张和小王是同事。可是最近，小张却感觉到小王有些不对劲，因为在两人见面时小王的话语总是非常客气，甚至有些谦卑。这让小张很迷惑，不知道究竟是什么原因造成了小王的变化。过了不久小张终于明白了事情的原因，原来他和小王是公司即将推选的优秀员工的有力竞争者，而小王则事先听到了消息，因此，在两人见面时小王有些不自在，所以才做出了过于谦卑的举动。

从故事中我们可以看到，如果两个人的身份和地位都差不多，而另一方却曲意地奉迎对方，刻意贬低自己，表现得过分谦卑，那么就应该注意了。这种表现有三种可能，一种是对方心存敌意，想刻意地保持距离，但是在表面上又不得不表现得很友好，所以刻意压制心理的想法，但是内心的不自然会很明显地表现在语言和行为上，所以显得过于谦卑。另一种情况就是轻蔑、看不起对方，通过正话反说的方式表达内心的轻视。还有一种情况是有求于对方，想通过这种方式讨好对方，赢得

115

对方的好感。

客套话艰深难懂

如果一方的客套话中有很多让人听不懂的词语，有时甚至是外语或方言，这不仅是显示自己的一种方式，表明自己的能力与优势之外，还有一种可能就是向对方表示一种拒绝的态度。这类客套话背后的隐含意义是自己和对方不是一类人，因此也没有必要在这儿浪费时间和精力，只能是白费心机，还不如赶快离开吧。这类人一般都很自大，他们有些目中无人，并且享受被他人关注的感觉。

总而言之，大多数的情况下，客套话都是为了交流中礼貌的必要才讲的，并没有多少真实的意义和情感在里面。但是，看似平常的客套话往往有着深刻的内涵在里面，这就需要我们高度注意，找出客套话里的隐含信息，成为名副其实的阅人高手。

职场中，了解他人的性格和心理非常重要，它不仅关系着我们人际交往的成败，也关系着事业的稳定和发展。因此，我们要高度注意他人的表现，争取对他们有全面的了解。

开会表现，审视人心的职场黄金法则

开会是职场中最常见也是最重要的活动之一。在会议中上司、同事、下属都聚集一堂，是人员最齐全最集中的时刻，也是了解他人的好时机。

工作中，人们总是要参加大大小小的会议。会议中不仅可以进一步了解上司的风采，和同事近距离接触，更能对绝大部分工作人员产生整体的概观。在会议中，每个人都有各自不同的表现，而这些表现往往与他们的性格有关。因此，我们完全可以利用会议这个人员相对齐全的好时机来了解他们的性格。

某公司有位新总监上任，照例要开就职大会，大家都要出席参加。开会期间，职员小魏想要就总监刚刚提过的某个问题发表自己的看法，然而旁边的同事小莫却拉住了他，示意他不要发言。散会以后，好奇的小魏找到小莫询问原因，小莫回答道，刚上任的总监在发言时用了过多的肢体语言，语气也带有很大的煽动性，这说明他虽自信满满，行动力强，但他却可能性情浮躁，不能踏实做事，缺乏必要的耐性。面对这样的总监，比较稳妥的做法就是不要过于表现自己，不然即使你的建议合理可行，当由于他的原因导致失误时，你也会受到牵连。果然，过了一段时间，这位总监真的在执行某项任务时出了一些状况，导致公司的业绩不佳，也使与那项任务有关的人都受到了影响。这时，小魏长嘘了口气，不得不感激是小莫的远见卓识救了自己，同时他也很佩服小莫的阅人智慧。

小莫真是个阅人的高手，他及时准确地从那位总监的发言中捕捉到了对方的性格弱点，成功地引导自己和同事小魏避免受到他的牵连。不过，人们在开会时的表现还有很多种，我们怎样才能像小魏那样把这些不同的表现一一读懂呢？看看下面的建议，相信你一定会有所收获。

洞悉发言中的真相

在职场中，会议发言是非常普遍的现象。然而，不同人在开会发言时的表现往往不同，这是因为人们在不同性格的影响下会做出不同的举动。因此，通过人们开会发言时的表现来了解对方的性格是成为阅人高手的重要环节。

开会发言时严肃端正的人。正常情况下，这类人在会议发言时都是态度端正、一本正经、义正词严的。他们语调沉稳，声音洪亮有力。这类人做事踏实认真，有条不紊，小心谨慎。他们对自己很有信心，而且做事很有毅力，通常都能坚持到底，全力以赴，不会轻易改变想法和目标。这类人是勤勤恳恳工作的人，他们往往在工作上小有成绩。

开会发言时肢体语言丰富。这类人在发言的时候肢体语言非常丰富，他们往往语气热烈，非常有煽动性。这类人性格外向，有丰富的表现欲。他们不善于隐藏自己的想法和感情，对于内心的想法和感情，他们总想一吐为快。他们爱憎分明，做事积极主动，有很强的行动力。但是，他们心浮气躁，华而不实，不能踏踏实实做事。他们没有毅力，耐心较差，做事容易半途而废，不能坚持到底。

开会发言时常常掩嘴。他们习惯于在发言时用手掩住嘴巴讲话。这类人往往很没有自信。他们性格软弱，做事自主性差，往往缺乏自己的主意和观点，容易盲从他人。他们没有坚定的立场，人云亦云，易受环境影响。同时，他们对自己缺乏信心，对自己说的话不确定，因此在开会时做出掩嘴的动作。

开会发言时喜欢摇头晃脑。这类人自我意识强烈，他们对自己很自信，也很骄傲。因为有强烈的表现欲望，所以他们总是喜欢出风头，吸引他人的注意和眼光。虽然他们有着出众的能力，但由于他们过于高调的行为往往引来他人的忌妒和不满。所以，他们的朋友较少，而且内心孤独。

发言时声音洪亮。他们在发言时声音非常大，就算是不用麦克都能让角落里的人听得清清楚楚。这类人开朗率真，积极热情，奋发向上。他们非常有正义感，豪爽而又真诚，正直，善恶分明。他们往往能力出众，而且有很强的责任心，因此受到同事的信赖和领导的喜爱。

发言时声音很小。这类人在发言时声音很小，甚至无法听清他们在说什么。这类人的性格比较软弱，自卑感强。他们往往心思细腻，精于算计，所以有些计较小气。不过他们的性格大多平和温柔，但是，他们有很强的猜忌心，不容易相信他人，因而朋友不多。这类人做事谨小慎微，认真仔细，但是成效不是很高。他们大都有很好的头脑，善于谋划，但是行动力欠佳，因此工作能力不强，不容易得到他人的认可和上司的青睐。

开会发言时语速很快。这类人发言时语速非常快，甚至让人难以听清说话内容。他们性格急躁易怒，很容易和他人发生不和或争执。他们自我意识很强，做事以自我为中心，不太注重他人的感受，而且容易一意孤行，不能听取他人的意见。这类人在平时的说话速度往往也很快。他们做事迅速，效率很高，不喜欢拖拖拉拉。他们的工作能力也很强。但是，这类人有些挑剔，因此不容易和周围人维持良好的关系。

开会发言时语速较慢。这类人在发言时一字一句，语速非常慢，让周围的人很不耐烦。他们性格温柔，做事慢条斯里，性子慢，做事踏实认真，有条不紊，但缺点也是速度较慢。这类人耐心极好，做事很有忍耐力，自控能力极佳。他们有很强的心理承受能力，不怕困难，责任感强。他们不善言辞，但是为人真诚，很受人信赖，因此人际关系良好。

开会表现中的细节

会议上，当他人发言时，倾听的人会有各种各样的表现，而这些表现则体现着人们的性格。因此，想要了解他人的心理，就要学会从开会表现的细节中找到洞察人心的蛛丝马迹。

开会时东张西望。这是典型的心不在焉的表现。他们对会议或是发言人的讲话毫无兴趣。此外也有可能是他们对发言人或是发言内容不满的表现，作为一种消极的抵抗，他们根本不去听。

开会时盯在某处。开会时一直盯着某处或是上司的方向不一定是专心听讲的表现。因为这类人可能根本什么都没想，或是脑海里想着与此毫无关系的事。如果他们面无表情，眼神也很呆滞，那么他们一定没有认真听。

开会时时而点头时而皱眉。开会时，有些人会随着讲话时而点头时而皱眉，甚至微笑，也会不时撇嘴。如果有人做出这样的动作，不要因此有什么看法，因为他们正对讲话的内容进行思索，他们对会议的话题很感兴趣，正在集中注意力听讲话。

总而言之，开会中人们的种种行为和表现与内在的性格密不可分。作为一个阅人高手，洞察到了开会表现中的性格信息，也就找到了了解人们世界的黄金法则。

开会时人员集中，正是对他人进行观察了解的良机。在职场中，对他人的准确认识和了解对我们的工作和生活都有非常重要的意义，因此，我们一定要抓紧会议这一良机。

名片中的性情提醒

商务往来中，名片不可或缺。这样看似不起眼的卡片除了具有提供双方联系的必要信息外，还能体现出人们的性格。

名片对于商务人士来讲非常重要，几乎每个商务人士都有自己的名片。名片既是个人身份的说明，也是交际的必要。在商务中，了解对方非常重要。如果能在双方见面之初就掌握了对方的性格特点，就有了绝对的优势，就有了先发制人的主动权。而名片这小小的卡片就有提示对方性格的作用。从对方的名片中，我们就可以了解对方的性格。

那么，名片是怎样体现性格的？名片中有多少对方的性格信息？下面的几点建议将会使阅读对方变得简单、快速。

从对方名片看性格

人们对名片的设计往往有着自己独特的风格，有的人喜欢用很多头衔，有的人会在名片上附上自己的家庭情况……这些风格各异的名片正是人们不同性格特征的体现。

在名片上不亮头衔的人。这类人通常事业成功，创造非凡。他们非常自信，坚信自己的能力。不过，这类人有些我行我素，特立独行，他们喜欢过无拘无束的生活，不喜欢烦琐的礼节，也讨厌被别人管理，他们也不乐意驱使别人。因为他们的不拘小节，这类人很容易交朋友，人际关系也很好。

使用很多头衔的人。这类人谨小慎微，喜欢小题大做，有些神经质的倾向。这类人很叛逆，有很强的创造力。虽然他们善于创新，但是他们不够自信，非常自卑。他们害怕挫折和意外，也经受不起打击。他们遇到问题时极力推卸责任，有意使用另一个身份来逃脱惩罚。同时，他们也好面子，虚荣心强，希望通过头衔来说服别人，并且证明自己的能力和地位。这类人一般很大方，尤其在金钱上不会很吝啬。

塑封名片的人。这类人非常虚荣，而且有些神经质。在人际交往过程当中，他们给人一种乐观和直爽的感觉，他们也常表现得非常友好和随和，但真实的他们往往心胸狭隘，容不得他人超过自己。他们喜欢自吹自擂，而且自我感觉良好，不在乎他人的看法和目光。这类人往往好使手段，虚与委蛇，难以捉摸。他们生性多疑、胆小怕事。

凸显自己称谓的人。这类人通常从事需要坚定性格的行业，如政治、社会运动、医疗卫生或自由职业。他们喜欢突出和强调自我，具有很强的表现欲望。他们积极上进，力争上游，但有些追名逐利的倾向。他们温文尔雅，礼貌有教养。由于个性突出，他们不愿意和他人亲近。这类人往往很有口才，并且恪守本分，不过，非常有长者风范。

名片标新立异的人。这是喜欢显示自我的一类人。不过，他们喜欢独来独往，不喜欢交朋友，因此有些孤独。他们口才极佳，能言善辩，但很少敞开胸怀接纳他人。这类人爱憎分明，很有原则。他们性情耿直，有正义感。不过，这类人也比较任性，常常直言直语，不顾及场合及他人的感受，因此难免遭到排斥，导致人际关系冷淡。他们依赖性较强，生活常常需要他人来协助协调和管理。

在名片上附加家庭情况的人。这类人非常有责任心，他们成熟沉静，办事稳健，很受他人尊敬。他们事业心很强，凡事以事业为重，有着出人头地的强烈愿望，并且时刻准备为这个目标付出。在他们看来，拜访的人越多，接的电话越多，他们离目标就近。

名片上只有姓名和电话的人。如果对方的名片是这种情况，那么有两种可能：一种是这类人极度自信，认为自己有很大的影响力，他的名气早已很响亮，根本不需要用名片去宣传自己，所以只留下联系方式；另一种是对方有意为之，是为了引起他人的注意和好奇心，或者不想透露自己的真实情况。这两类人都是属于没有安全感的人，他们不想开放自己，总是小心翼翼地将自己隐藏起来。

通过交换名片的方式看人心

不仅仅是名片本身会传达出人们的性格信息，人们在交换名片时的行为也能反映人们的心理特点。因此，只要我们留心观察，就不难从中得出我们想要的答案。

自己比对方先拿出名片的人。这是拿名片人在表达自己的诚意。如果他们在对方递出名片时是用双手接过来，是表示谨慎、尊敬、温厚的态度；如果接过对方名片后，自己并不递出名片并且没有任何反应，则表示一种拒绝，是无礼、轻视的表现。

在交换名片时，附记时间地点的人。这类人头脑灵活，爱好广泛，很有创见。他们心细体贴、认真负责，能广交朋友。如果同时持有两张名片，那么这类人一般都深谋远虑。他们多有创新精神，创造力强，往往能做出超出常规的壮举。除本职工作外，他们一般都兼有其他"第二职业"。

经常以"名片用完了"之类的话表示歉意的人。这类人目光短浅，生活和事业缺乏长远计划和目标。他们为人较为轻率，不顾及他人看法。当人家把名片递过来时，这类人却说名片用完了，让人对这个人产生戒备心理，因此影响了印象，对之后的交往也会产生不良影响。

不分场合、对象，随意乱发名片的人。这人野心勃勃，喜欢抬举吹捧自己，表现欲强。然而，这种人常常会忘记何时何地又把名片给谁了。对他们来讲，使用名片就像使用传单。这类人多有一夜暴富的梦想，他们的想法有时很不现实，在交往中也不大诚实。虽然这类人外表看起来开朗又谨慎，但是他们往往言行不一致。

经常若无其事地掏出一大堆别人的名片的人。这是他们在显示自己的人际关系与影响力。有些人经常拿出不经整理的名片，并且从中寻找自己的名片。这类带着大量别人名片外出的人，大多属于以自我为中心的类型，他们很有主见，不易受他人影响。他们大都有很强的操作能力，善于言辞，非常会能讨人喜欢。同时他们精力充沛，活力四射，做事非常有魄力。

名片在商务交往中扮演着很重要的角色。我们千万不能小看了这张小小的卡片，因为人们对名片的不同设计风格和交换名片时的不同方式都能够让我们了解到人们的不同性格特征，从而为我们的交往提供便利。

对于阅人来讲，对他人名片的解读就相当于对他人的性格解读。因此，在名片往来中，我们不仅要关注他人，也要注意自己。因为，有时候不仅是我们在阅读他人，他人也很有可能在阅读我们。

隐藏在办公环境中的性格拼图

步入职场，了解他人的性格非常重要。因此，能够迅速抓住他人的性格特征成为了每个职场新人的必修课。职场中，大部分事情都离不开工作，通过工作环境，我们可以很快地对他人的性格有所了解。

某公司最近打算从员工中挑选出一名出国进修，其中有两个人最符合公司的条件：张小姐和王小姐。她们二人在工作上都非常地出色，又都具有出色的外语能力。主管上司在这件事上犯了难，不知道挑选哪个人更合适。一次，主管上司在视察工作之后突然间有了主意，做出了决定，选张小姐出国进修。消息一出，员工们一片哗然。大家都不明白上司为什么在实力如此相当的两人中单单选了张小姐。上司在得知了员工们的疑问后笑了笑说："其实最开始，我也为到底选哪个人进修而犯难，毕竟两个人实力如此相当。可是，当我视察工作时，张小姐的办公桌让我突然间眼前一亮，因为我看到了一个非常精致的骨瓷印花水杯，和整洁却不失个人特色的桌面摆设。我从中深刻地感到她的品位和精致、富有情趣的生活态度。我进而意识到，张小姐是一个热爱生活、积极向上的人。而这样的人，也一定会以很高的热情对待工作。这就是我选她出国进修的原因。"

从故事中我们知道，上司正是从员工的办公室环境中得到了关于员工的个性信息，进而做出了决定。从心理学的角度讲，人们所处的环境与个人性格有着非常紧密的关联。那么，办公环境是怎样体现出人的性格？下面几点将会对其作出详细的解读。

从整体办公环境看性格

工作中，每个人都有一定的办公空间。这个空间是相对私人化的开放空间，因为他人可以轻易地看到这个空间的全貌，但是，由于个性与习惯的不同，每个人的办公环境都有着强烈的个人特色。所以，从办公整体环境中，我们可以对一个人做出很全面的了解。

摆放艺术品的人往往有很高的品位，他们追求完美，热爱生活，严格要求自己，并且很看重外在形象。他们想法独特，喜欢特立独行，不喜欢随大流。这样的人往往有些高傲，不容易让人亲近，不过他们为人大都很清正，值得信赖。

摆放照片的人大多重视感情。他们对朋友、亲人等都非常看重，并且对这些感情尤为看重。具体来讲，如果摆放的是父母及兄弟姐妹等人的照片，则表明这个人对这些人感情尤为深厚，或是与他们有着美好的回忆和感情，抑或是因为一些特殊原因使照片成为心理上的慰藉。如果摆放的是自己的照片，则表明这个人性格开朗积极，对自己的状态很满意。

在办公设备附近摆放花草植物的人富有生活情趣，充满爱心，喜欢自然恬淡的生活。这类人很注重精神世界与现实世界的和谐统一，他们大都热爱自然，纯真活泼，积极向上。这类人也非常注重他们的生活方式，他们喜欢从生活中寻找乐趣，他们大都重视健康。

从办公桌看性格

在办公环境中最重要的就是办工桌，因为人们绝大部分工作时间都花在伏案工作上，所以办公桌总是与个人的工作习惯有很大关系，它不仅能体现主人的职业、职位，还能体现主人的性情。

办公桌整洁干净的人。这类人的办公桌干净整洁，文件资料整整齐齐地摆放。他们性格内向，自信，很有朝气，干一行爱一行，做事踏实认真，对工作一丝不苟。他们有很高的工作效率，办事干净利落，是个出色的员工。他们严于律己，责任感强，考虑问题实际而又严谨，追求高效稳健的工作状态。他们大都目标明确，并能为之坚持不懈地努力奋斗。

同时，这类人特别珍惜时间，每段时间都有相应的工作，办事和工作都有条不紊，但是他们适应能力较差，常在突如其来的变故前手忙脚乱，不知所措，有时会乱了阵脚，发生错误。他们追求完美，对自己和他人都有很高的要求。

把办公材料大部分堆于桌面。这类人的办公桌看似杂乱无章，文件物品随意摆放，毫无条理可言，但是这只是表面现象，因为这种混乱并没有造成办公的麻烦，反而带来了极大的便利。因为这类人知道各类文件的摆放位置，在需要时总能很迅速地找到，这一点和其他工作效率高的人并没有什么区别。

这类人性格直率，对人坦诚，他们害怕麻烦，喜欢简单、无忧无虑的生活。他们大都是急性子，工作起来也很卖力。为了方便工作，免除工作中从办公桌找资料的麻烦，他们常把所需要的东西放在伸手可及的地方。他们视觉敏锐，观察力独特，既能发现自己的不足，又能看出他人的缺点和优势。他们很有进取心，总是力争上游。

办公桌凌乱不堪的人。这类人的办公桌杂乱不堪，毫无章法。而他们也往往要费很大的劲才能找到想要的文件。这类人性格外向，活泼开朗，热情善良。他们想象力丰富，思维敏锐，应变能力很强。

这类人虽然办事快速，但喜欢耍小聪明，缺乏条理和计划，因此难以保证工作效率。这类人有点小心机，爱贪小便宜，做事时往往没有计划，仓促完成，结果不佳。他们喜欢追求简单，不愿把事情规划得透不过气来，有点目光短浅。虽然他们善于在复杂问题上寻找突破口，但是缺乏决断力，在重要的事情上往往进退不定，无法做出决定。

办公桌简洁的人。这类人的办公桌面一目了然，物品很少，基本上都与工作相关。这类人大都公私分明，总是将个人私事同工作上的事分得很清。他们在工作时严肃认真，专注投入，从不将个人的事同公事一起处理，很少做和工作无关的事情。

这类人无论对自己还是他人都有很高的要求，他们做事讲原则，因此为人正直，爱憎分明，很受周围人尊敬与敬佩。但是，却很少有人愿意和他们合作，因为他们过于正直，而且有些清高，做事过于挑剔。也因此，这类人的朋友不多，但是少有的朋友往往都非常真挚。

办公桌充满个人风格。这类人的办公桌上除了必要的文件资料外，还摆放了很多个人物品，如玩具、盆景等充满个性的小玩意儿。他们把办公桌布置得非常有个人特色，看起来很温暖很有趣。这种人大多情感丰富，比较重感情，他们有些感性，也有些敏感，充满了浪漫的想法。拥有这类办公桌的人以女性居多。

这类人有很强的动手能力，他们细心体贴，做事能为他人考虑，也非常喜欢帮助别人。他们大多踏实稳重，做事谨慎细致，但是缺乏坚毅的个性，在遇到困难或打击时往往低沉、一蹶不振。

阅人笔记 📖

办公环境中总是有着鲜明的个人信息，其中最重要的就是人们的工作信息，包括工作习惯、工作能力、工作特点以及工作性格等，如果我们能够多加注意，一定能够对人们的工作状况有更加细致的了解。

笑傲职场，你就是阅人高手

127

火眼金睛，巧做伯乐识人才

21 世纪的竞争是人才的竞争。拥有了人才，就等于拥有了无限潜力和光明的未来。然而，千里马常有而伯乐不常有，因此要想识别人才，就要练就一双"火眼金睛"。

从古至今，人才都是一笔巨大的财富。尤其是当今社会，人才关系着事业的高度和成败。然而，识别人才并不容易，需要有独到的眼光和见识，在众多人当中"沙里淘金"。

方先生做基层主管很长时间了，每天工作都兢兢业业、勤勤恳恳。他的同事和下属提起他时都赞不绝口，觉得他对工作认真负责，任务都完成得很出色。因此，当公司管理岗位缺人时，方先生毫无悬念地得到了提拔。人们都以为方先生被提拔后一定能做得很好，可是结果却和人们的期待大相径庭，方先生在后来的岗位上做了一段时间后并没有突出的表现，甚至没有胜任岗位的要求。这让组织部的负责人很是不解，方先生不是一直表现不错的吗，难道是大家看错人了？原来，方先生以前做基层主管时一直是按部就班地做事，不需要处理突发事件。但是在后来的岗位上，作为管理人员，他需要有很强的应变能力，而这正是他所不擅长的，所以他才不能胜任新的岗位的要求。

组织部的人显然是没能看清方先生的能力才错误地提拔他到了管理岗位上，这也启示着人们做好伯乐、准确阅人识人的重要性。

衡量人才有很多标准，而不同的人对人才的需求也往往不同。但是，人才有一些共同的特质，概括起来无外乎两个方面，一方面是品德，另一方面就是才华。因此，我们可以通过不同方法从这两方面来考察人才。

识别一个人是不是人才，我们可以用"一个中心，三个基本点"的方法，全方面地考察对方是否具有成为人才的"特质"。

一个中心

一个中心是指我们首先要端正心态，以客观公正的态度看人、识人，不能因为个人感情及好恶而影响了我们的判断。如果夹杂着主观偏见在内，就犯了识人的大忌，是很难发现人才的。因此，以下几点需要特别注意。

避免晕轮效应。晕轮效应是指由于对人的某个突出特点或品质印象深刻，以至于忽视了对其他品质或特点的重视的现象。这种效应会造成我们看法的片面，不能够全面地看人识人。因此，我们在识别人才时，不能因为他的一点优点而看不到其他的缺点，这些缺点有可能影响他所从事的工作。

避免首因效应。首因效应也称为第一印象作用，或先入为主效应。人们对事物的第一印象最深，持续的时间也长，甚至超出以后所有印象的总体作用。我们识人时，往往会根据第一印象来判断，而第一印象往往并不可靠。因此，我们在识别人才时，不能仅凭最初的印象来评价。

避免近因效应。近因效应与首因效应相反，是指交往中最后一次接触给人留下的印象，这个印象在脑海中也很深刻，一个人的最近表现不错，就忘记了他之前的错误，或是一个人最近的表现不好，就否定了之前的成绩。因此，我们在识别人才时，不能只看他近期的表现，还要全面地看整个过程。

避免投射效应。投射效应是一种"以己度人"的效应。人们在日常生活中常常不自觉地把自己的喜好、观念等投射到他人身上，只挑选和自己性格、习性相同的人委以重任。这往往造成了对性格、志趣和我们不同的人才的忽略。

避免刻板效应。刻板效应又称刻板印象、社会定型，指人们对事物的一种比较固定的看法。它通常没有现实根据，而是单凭一时的偏见或道听途说形成的。因此，我们在识别人才时，不能因为一些固定的看法就不去深入了解他。这些固定的看法有些往往是片面的，甚至是错误的。

三个基本点

三个基本点是指阅人时用三种基本方式对人进行细致入微的观察。这三种基本方式分别是"观""听""察"。

第一个基本点是"观"。是指通过观察了解一个人是否具有人才该有的品德和能力。要想了解一个人，就需要从不同方面对其进行观察。

首先，观察他身边的朋友。人们往往会选择和自身性情相近的朋友，正所谓"英雄识英雄"。一个人和他的朋友往往都是兴趣相近、志趣相投、志同道合的。朋友是人性情的折射，通过观察其朋友往往可以从侧面了解这个人的性格和人品。如果他的朋友也是很优秀的人，那么他也不会太差，但如果他的朋友大多是属于"狐朋狗友"一类，那么，他的为人就有待商榷了。

其次，观察他酒后的言行。"酒后吐真言"，一个人的真性情往往在酒后显露出来。平时，人们会有意识地维护自己的形象，会因为理智的作用控制自己的一些情感，隐藏自己真实的一面。可是，在酒后人们的自卫意识松懈，若是在这个时候悉心观察，很可能会发现平时不易发现的特征。而他平时对什么人有意见或是看法也会在酒后表达出来。而酒后也很容易察觉他平时心里的一些情绪。

第二个基本点是"听"。是指通过一个人的言谈来识人才。言谈中隐藏着很多性格信息，同时也体现了人的学识、修养等素质。因此，要想成为"伯乐"，就要善于"听话听音"。

第一可以通过言谈了解对方口才、学识和思维方式。了解一个人最直接的方式就是通过谈话来了解他思考问题的方式、回答问题的思路以及对相关知识的了解。如果能够采用适当的问题进行探寻，还能发现他的反应灵敏程度、思考问题的深度甚至思维高度。

第二可以询问其他人对他的看法。要想深入了解一个人，就不能不参考他人对他的看法和意见。我们可以通过询问熟悉他的人来了解这个人的能力和为人。群众的眼睛是雪亮的，在他人的评价中，既可以增加我们对这个人的了解程度，又可以验证我们已经对其形成的看法。

第三个基本点是"察"。所谓"察"就是在实际工作中考察其为人和能力。只有在实际中，一个人的真才实学才能真正地体现出来。

我们可以让其身处艰难的环境，考察他的心智。一个优秀的人才往往具有优秀的心理素质和坚韧的性格。困难的工作、艰巨的任务，往往是考察一个人胆识、勇气的好时机。人才往往具有优秀的能力和自信心，他们能够冷静、顺利地完成艰巨的任务，具有临危不乱、临场不惧的镇定和心态。

我们可以将其置于复杂的环境之中，考察他的观察能力和决断力。一个优秀的人才不仅要口才出众、头脑灵活、心态稳定，更需要有良好的观察力和决断能力。如果让其面对错综复杂的事务时，就可以看出他在头绪纷乱的事务中的处理能力。

我们可以对其说一些秘密，看其是否能够保密。一个搬弄是非的小人是不能委以重任的，哪怕他再有才华，也不能称得上是真正的人才。这主要是对人品德的考验。如果他能保守住秘密，证明他是个值得信赖的人。若是他不能保守秘密，那么他则不是个守信的人。

我们可以让其身处易得回扣的工作，看他是否廉洁。这也是对品行的考验。如果他能在金钱与利益面前不为所动，证明他是个清正可信的人。如果他在诱惑面前没有坚持原则，那么，日后有更大的利益在面前时，他很可能做出有损公司利益的事情。

总而言之，想要正确辨识人才，就要学会巧做伯乐。而要学会做伯乐的智慧，我们就要牢记"一个中心，三个基本点"的方法并应用到实际当中，这样我们才能离阅人高手的目标越来越近。

阅人笔记

人才既需要发现，也需要考验。发现人才需要眼光独到，考验人才需要方法得当。然而，无论是发现人才还是考验人才，都需要智慧。这种智慧就是阅人的智慧，就是透过种种纷繁复杂的表象看到人心底的真实风景。

男人不是迷，瞀识好坏很关键

男人来自火星，男女间的差异为两性间的交流增添了诸多烦恼与误解，而男性群体中的个体差异又使两性间的了解变得更加错综复杂。因此，了解男性的心理在两性的沟通中显得尤为重要。

解读男人的心理特质

男女间的巨大差异往往给两性间的交流和沟通设置了无形的障碍。因此，了解男性的心理特质，对于增进两性间的了解至关重要。

心理学家曾经说过："同爱相比，男性更需要理解。"这句话一语道破了男性的心理需求。由于社会等多方面原因，男性总是与"责任""坚强""勇敢"等词联系在一起，人们对男性的看法也大多偏颇，带有主观主义色彩。而由于对男性的种种误读，经常造成双方的误解和恋爱失败。

婷婷最近感到很苦恼，因为她发现男友没有以前关心她了。他不但陪她的时间越来越少，就连接听她的电话也心不在焉。他总是忙于工作，而且总是因为工作而拖延两个人的约会。这让婷婷很不开心，她认为男友不重视自己，对自己的感情不深，不然不会因为工作而忽略和她相处的机会。于是，两人每次见面时婷婷都会向男友抱怨，说他不在乎她。刚开始的时候，男友还会解释几句，到了后来则默不做声。让婷婷没想到的是，到了最后男友竟非常生气，还经常因此和她吵架。虽然事后两人总能和好如初，但是同样的问题却一直在影响两人之间的关系。婷婷对男友的感情很深，因此两人之间的矛盾和争吵让她非常难过。在婷婷看来，男友就是不够喜欢自己才会一门心思放在工作上。在伤心之下，婷婷找到了一位学心理的朋友寻求帮助，而这位朋友的话则让她豁然开朗。原来，在大多数男人的心目中，工作是第一位的，这一点和女性明显不同。对于男性来讲，爱情只是生活中的一部分而不是全部。他们重视事业，在他们看来事业是成功和魅力的标志，因此他们会花费大部分的精力和时间在事业上，但这并不意味着他们变心了或是用情不深。面对这种情况，婷婷不应该抱怨，而是因该采取理解的态度，多多关心支持自己的男友。在朋友的解释和劝说下，婷婷改变了往日的态度，不仅两个人的矛盾减少了，感情也越来越好。

在上面的故事中，婷婷正是因为不了解男友的心理才会造成两人之间的误解。在心理上，男性和女性是不同的，有着明显的差异。只有明确地认识到这些不同，了解男性的心理特质，才能够增进两性间的理解和交流。那么，男性究竟有着怎样的心理特质呢？下面几点将会对此进行详细的介绍。

男性其实很脆弱

人们普遍认为女人更柔弱，依赖性更强，然而日本一家心理研究机构证实，在日本，自杀男性是自杀女性的 1.32 倍，而且女性失恋或失去配偶后重新振作起来的速度也远远快于男性。男人对于配偶的态度常常是"我不需要你，没有你我也一样过"。然而事实上，他们这是为了掩饰内心深处对对方的依赖。"没有她，我觉得很难过，这实在太丢人了！"男人就是这样想的，但是他们往往出于自尊心而将真实的自己隐藏起来。

男性有很强的占有欲

有些男人，会放弃"我不需要你"而走另外一种极端——想要与你形影不离。这种伪装通常出现在恋爱或新婚阶段。倘若你以为他真有那么爱你，片刻都不想分离那可就错了。事实上，这样的男人在爱情上有超强的占有欲，他希望你时刻在自己的视线中，不是因为思念而是害怕自己不知道你在干什么。

男人需要友情

男人喜欢把自己伪装成社交高手，因为在他们的成长中，父亲的形

男人不是谜，慧识好坏很关键

象通常是在外忙碌、严肃而不近人情的。在内心里，男人很孤独，也害怕孤独。他们有压力，需要放松，需要在友情中寻找轻松和快乐。同时，交友广泛是成功男人的标志，因此他们常常把自己装扮成很会社交的模样，以吸引他人的目光。

男人自大，需要认可与鼓励

不可否认，在当今社会中，男性承受着更多的社会责任。也正因为这一点，他们也承受着多方面的压力。竞争是男人的天性，他们希望自己优秀出众。但是，男性有着很深的自恋情结，他们需要得到他人的认可，他们需要不断确认自己的能力与价值。因此，对他们适当地称赞和鼓励一定能拉近双方的距离。

男人爱面子

男人不喜欢承认自己的错误和缺点。他们觉得一旦承认，自己就低人一等，尤其在太太面前，他们非常害怕因为做错事而降低在家庭中的地位，男人本来对自己的家庭地位就没什么信心。"太太是因崇拜而爱我吗""在孩子眼里，我算不算一个成功的爸爸"是始终困扰他们的问题。害怕权威的丧失使男人无论在家里还是在社交活动中，都喜欢充当永远不出错的死硬派。这的确令人抓狂，不过女人不必害怕，因为他们心中有另外一个解释："我以后改正就是，为什么一定要说出来。"

男人重事业

对他们来说，事业就是他们魅力的标志和实力的证明，事业就是男人的安全感和自信心。而这一点往往让无数女性伤心不已，因为男性对事业的投入让女性感觉不被重视，甚至感觉已经失去了他们的爱情。其实他们不是不在乎，而是他们把工作和感情分得很清，而他们的确是太忙。这时，他们需要的是女性的宽容和理解，而不是哭哭啼啼、大吵大闹。如果这样，反倒会失去了他们的心。

男人重理性

这是男性和女性之间最大的差异。男性总是以客观理智的角度看待问题，他们注重思维的作用，而他们在对待感情的态度上也是如此。他们在考虑问题时往往不会将感情方面考虑在内，这也是很多女性认为她们的爱人不够体贴浪漫的原因。男人重实际，男人很理性，男人很现实。

了解男性并不难，虽然男性有时看起来显得神秘难以捉摸，但事实上他们的心思并不复杂，他们有着男性群体特有的心理特质。因此，只要掌握了这些特质，就能够更加深入地了解男性的心理，洞悉他们内心的真实想法。

男性与女性的思维方式和心理特质有着很大不同，而这些特质和不同往往成为沟通的障碍。如果了解男性的心理特质，就能够成功地跨越两性间的交流障碍，成为真正的阅人高手。

男人在爱情中的弱项

爱情是一个永恒的话题，而恋爱中男人不尽如人意的表现往往是让无数女性头疼的问题之一。其实，不是男人不够用心，而是他们天生就不善于处理感情问题。

在生活中或是影视作品里我们常常看到，本来感情很好的两个人经常因为误解而产生矛盾，甚至分道扬镳各奔东西。爱情不是猜来猜去的游戏，不能凭空臆想对方的感受和目的。因此，了解男人在爱情中的弱项很有必要，它能帮助女性分辨出爱情中是两个人的理解出现了偏差，还是感情出了问题，让女性在爱情中多一分智慧，少一些烦恼。

在度过了几年的婚姻生活之后，小梅感到了沮丧和厌倦。因为她的丈夫每天下班回家之后的固定行为模式就是坐在沙发上，埋头看报纸。每次小梅都想试着和丈夫说说话，改善这种局面，但却总是欲言又止。因为丈夫总是头也不抬，即使说话也是简简单单的几句。这让小梅感到很不开心。在她看来，多年的婚姻生活早已消磨了他们之间的爱情。而丈夫又是个非常木讷、不懂浪漫的人，他不仅不体贴细心，还总是忽略她心中的感受。小梅不甘心就这样在无聊和乏味中过日子。于是，她产生了离婚的念头。而当她把想法告诉丈夫的时候，虽然他大吃一惊，但是也没有太强烈的反应，而是默默地同意了。这不禁让小梅的心更凉了。她收拾好了东西，打算离开家。在她临走的时候，丈夫静静地看着她，有些不舍，但也没有多说什么，只是默默地递给小梅一张纸条。小梅接过纸条，看了几眼之后就忍不住热泪盈眶。原来，在纸条上清晰地写着丈夫对小梅日常生活的嘱托。他提醒她在换季时要注意多加衣服，因为她的身体本就柔弱；他告诉她要少吃冷饮，因为她的胃不好……这一刻，小梅终于发现，其实丈夫一直关心着自己，只是他不善于表达感情。不懂得浪漫，不懂得用语言沟通情感。而正是丈夫的这些弱项和缺点才使两个人之间出现误解和隔阂。于是，小梅放弃了离婚的打算，满怀感动与幸福地回到了家中。

从例子中我们看到，小梅的丈夫正是由于不懂得如何表达自己，才使小梅误以为两个人的感情出了问题。其实，大多数的男性在爱情中都有一些类似的缺点和弱项，而这往往影响了爱情中双方的沟通和理解，因此，了解男人在爱情中的弱项非常重要。下面的几点将会对此做具体的介绍。

男人不善于语言表达

在语言表达能力方面，男人同女人相比总是略逊一筹。男人们不善表达，他们喜欢把感情放在心里，而不是像女性一样选择说出来。同时，男性每天说的话大多集中在工作场合，而女性则不同，她们在工作场合不怎么说话，可是在下班之后却有很多话要说，这也就造成了两性之间的沟通差异。因此，当女性和男性交流时，往往发现他们心不在焉，几乎无话可说，造成了双方的不愉快。男性大多不会甜言蜜语，因为他们不善于表达，这也让他们看起来不够浪漫。当然，也确实有一部分男士很善于语言表达，他们往往很会哄女人开心，但是他们的真心却有待考量，因为这是他们天赋如此，并不一定有多深的感情。

男人对事物的反应迟钝

一般来说，在对事物的反应方面，男人要比女性差。他们的灵敏程度总是比女性略逊一筹，但是由于自尊心作怪，他们不愿意让他人看出来，尤其是在女人面前显露出来。所以，他们选择沉默不语，装作不在乎，甚至是根本没注意。而事实上，他们往往要经过深刻地思考才会得出对事物的足够认识。所以，常常看到这样的男人，他们在遇到问题最开始一言不发，面无表情，可是在长时间的沉默之后，他们往往会说出一句很有见地的话。

男人喜欢隐瞒自己的情绪

男人经常会将自己的情绪隐藏起来，他们不愿意让他人看出他们的真实感情。因为，男人内心有很深的依赖感，但他们出于自尊心不愿意让他人知道他们的致命缺点。男人的感情是相当脆弱的，他们害怕打击和伤害，因此他们选择用冷漠将自己隐藏起来。在他们心里，他们是女人的依靠，他们应该保护女人，所以，他们不想让自己的脆弱流露出来。其实，男人非常需要关怀，他们需要在不开心的时候得到安慰，但

男人不是谜，慧识好坏很关键

是他们害怕失去他们的形象，所以会选择一个人躲起来静静地疗伤。当一个男人变得更加沉默，并且对周围的人和事不再理睬的时候，那么就要注意了，他们很可能是遭受了挫折和打击，这时的他们需要理解和关怀，而不是指责和质疑。

男人隐瞒欲望

男性会竭力隐藏他们对异性的欲望。这是男性最大的缺点之一。由于男女生理上的不同，男人是欲望的动物，对他们来说，性和爱是分开的。这一点虽然让很多女性无法理解，但这就是不争的事实。男人会对爱人以外的异性多加关注，当然，这种非分之想只是隐藏在心底，绝不会坦然表露。有专家曾在研究了多对白头偕老感情深厚的夫妻的心理和婚姻历程之后发现，有90%的男性都在婚姻历程中曾对其他异性产生过非分之想。英国著名诗人王尔德曾借由他的《理想丈夫》一书通过女人的口吻表达出男性的心理："男人一旦爱上了一个女人，肯为她做任何他可以做到的事，除了一样，就是不肯爱她以永恒。"所以，面对这样一个无法改变的事实，女性需要放宽心，只要他不做出越轨的事，就不要疑神疑鬼，揪住他不放。

女性在恋爱时常常抱怨男人的种种不是，而男性也往往因为恋爱而大伤脑筋。其实，在了解了男性在爱情中的弱项之后，很多看似难以理解的问题就会变得简单，因为这是男性的弱点使然。因此，想要看透男人心，就不能忽视他们在爱情中的弱项。

阅人笔记

每个人都有缺点和弱项，而处理爱情问题则是男性最大的缺点和弱项之一。然而，从另一方面看，了解男人的弱项就等于女人有了"克敌制胜"的武器。因此，想要深入了解男性，就需要了解男性在爱情中的弱项。

系在男人领带中的性情信息

领带起源于欧洲，是男性独有的为数不多的配饰之一。男性的领带往往带着鲜明的个人特色，传达着男性的性情信息。因此，要了解男性，观察领带是非常有效的办法。

据说领带是由女人发明的。那是在欧洲，由于丈夫吃饭时总是把衣服弄得很脏，女人们非常烦恼。于是，一些聪明的女人就在丈夫的胸前挂一块布，以便在他需要时擦一擦，同时也防止油污沾到衣服上。这种方法收到了很好的效果，很快就得到广泛的运用。后来随着时间的流逝，这块"抹布"逐渐改头换面，成为了现在的领带，并且成了全世界男性的时尚宠儿。

美国著名设计师莫利曾经说过："无论你喜欢与否，领带比你身上任何部分都能让人们判断你的可信度、个性以及能力。"由此可见，作为男性着装的一部分，领带在表现个性风格方面有着非常重要的作用，传达了男性多方面的信息。因此，要了解男性的性格特点，就要学会从领带读懂他们的本色。那么，怎样才能够读懂领带中蕴涵的信息呢？以下的几点将会具体说明领带在表达男人性格特质方面的作用。

从领带颜色看男人

不同的男人在领带颜色的选择上有着不同的偏好，而这些偏好恰恰说明了他们不同的个性特征。因此，想要对男性有所了解，就要善于从不同的领带颜色中分析男人的性格。

喜欢打绿色领带的男人。这类男人性情贪婪，他们心胸狭隘，易生忌妒之心。他们做事不踏实、拈轻怕重、怕苦怕累，大多属于机会主

男人不是谜，慧识好坏很关键

义者。

喜欢打紫色领带的男人。这类男人往往办事高效，工作认真，而且大多事业有成。但是，他们优越感很强，容易高傲，为人比较自大。

喜好打粉红色领带的男人。这类男人是典型的浪漫主义者，他们有些多愁善感，属于很感性的一类人。他们有些虚荣，渴望得到别人的认同或仰慕。

喜欢打红色领带的男人。这类人最有个性，他们为人热情真诚，做事高效快速。但是，他们有些争强好胜，总是力争上游。因为爱憎分明，他们正义感很强，喜欢帮助他人。

喜欢打黄色领带的男人。做事讲原则，他们坚定，不随波逐流。他们做事目的明确、条理分明。这类人对感情看得很重，有时甚至陷入其中不能自拔。

透过领带样式看男人

和领带颜色一样，领带的样式在表现男人性格方面也十分重要。因此，想要读懂男人，还要了解不同的领带样式与男人性格之间的关系。

喜爱条纹领带的男人。他们一般为人谨慎，坦率诚实，保守有原则。在工作中，他们知识丰富、踏实肯干，很容易成功。他们很受他人信赖，而且有很多朋友。不过这类人缺乏冒险精神，个性顽固，不易改变个人观点。

喜爱大花纹领带的男人。这类人开朗大方，喜欢新奇的事物，而且好奇心强。他们很会享乐，在公众场合很会营造气氛。不过，他们往往醉心于物质享乐，不适合经商。

喜爱水珠花纹领带的男人。这类男人稳重踏实，而且非常浪漫体贴，是细致优雅的男士。他们很会照顾家人和朋友，非常温柔体贴。此外，他们很自信，有很高的判断能力。不过，他们也不太适合经商。

喜欢名牌领带的男人。领带是一种身份的象征。所以，喜欢名牌领带的男人非常在意自己的形象以及大家的看法。如果他的领带与服饰很和谐，说明他内心正处于安定的状态。如他的领带和衬衫与其他服饰不协调，则显示了这个人很有野心。

透过领带打法看男人

领带有不同的打法，男人们在领带打法的选择上也是不尽相同，而这往往是与男人们的性格联系在一起的。因此，想要了解男人心，也可以从领带的打法上入手。

领带结又小又紧的男人。这类男人如果体形瘦小，则证明他们想通过小而紧的领结来让自己的形象显得高大。如果不是因为形体的原因，那么这类男人大多气量狭小，斤斤计较，而且疑心很重。他们不易相信他人，容不得别人的轻视和怠慢。在工作中，他们谨慎小心，生怕出错，也因此常处于压力之中。他们对金钱非常看重，属于"铁公鸡"一类的人。正因为这样，他们朋友较少，性格也很孤僻。

领带结既大又松的男人。他们大多是风度翩翩、气质出众的男人。他们情感丰富，热爱自由，不喜欢束缚。他们喜欢交朋友，有着很强的交际能力，非常受女性欢迎。

领带结不大不小的男人。这类人活力四射、精力充沛，积极乐观。工作时，他们认真仔细，一丝不苟，勤奋进取，全身心地投入工作中。他们大都教养良好，在交往中很注重礼貌，非常彬彬有礼。

作为男性必要的饰物之一，领带不仅体现着男性的身份和地位，更能体现男性的品位和性格。因此，想要了解男人的性格，就要找到系在男人领带中的性情提醒。

领带是男人身份的标签，也是男人性格的标签。作为男性最具特征的饰物之一，领带对性格的指示作用不可小觑，使我们能在交往的第一眼就迅速把握对方的性格特点，因此也是阅人高手必备的能力之一。

言谈，男人的性格标签

男人并不是语言的动物，然而，这并不意味着他们总是保持沉默。有时候他们侃侃而谈，有时候他们一语中的，还有的时候为一个问题争论不休。男人的语言总是同他们的性格联系在一起，成为他们性格的有力证明。

有专家研究表明，同女性相比，男性的语言注重信息和逻辑，他们的谈话往往中心明确，围绕一个问题展开，并且语言简练、用词准确。而女性的语言则零散，话题跳跃性大，而且中心不明。因此，通过男人的语言可以了解他们的性格，走进他们的内心世界。

丹丹是一个非常优秀的女子，她不仅面容姣好，为人善良，在事业上也颇有成就。这样一个女子是不乏追求者的，而丹丹也有意在这些人当中选出一位中意的男士作为一生的伴侣。然而，丹丹却感到有些犯难，因为她一时之间不知道哪一个更适合自己。但是，丹丹很聪明，她知道通过她的悉心观察和准确分析，她一定能找到最适合自己的人。一次，丹丹在工作中遇到了一些不懂的问题，于是她便向朋友们请教。而正是这一次偶然的机会，让丹丹敲定了心中的人选。原来，丹丹在向对她很有好感的男士请教问题时，他们迥异的言谈风格和习惯让丹丹对他们的性格有了非常深入的了解。在他们之中，有的人夸夸其谈，虽然看似对问题很了解而实际上却是不得要领，没有实际意义。这样的人丹丹是不会选择的，因为她知道他只是高谈阔论。有的人则表现得知识渊博、旁征博引，看似无所不知，而这样的人往往缺乏实际的能力，做事大多只是空谈。只有一位男士，他不仅言谈精练，更用适当的手势来增加话语的表达力。这不仅说明他具有实际能力，他一边说话一边做手势更说明他为人自信，处世果断，具有一定的领导才能。丹丹的眼光真是独到，日后的相处果然验证了丹丹的判断。

丹丹是智慧的，因为她懂得怎样通过言谈来了解男人。凭借着对言谈的准确分析和判断，丹丹在众多的追求者当中选出了可以与之共度一生的人。言谈与个人性格是分不开的，是内心的性情流露。因此，我们可以通过阅读男人的言谈来阅读男人的内心。

从言谈风格看男人

不同的人有着不同的言谈风格。对于男人来讲，言谈风格不仅体现着他们的职业和身份，更体现着他们的性格。因此，在阅读男人时，我们可以从他们不同的言谈风格入手，找到隐含其中的性格信息。

夸夸其谈的男人。他们侃侃而谈，内容广博却又粗枝大叶，不理会细节问题。他们的优点是有大局观念，能够从整体出发，而在他们的言谈中往往有奇思妙想出现，很有见地。但是，他们大多只是高谈阔论，并没有实际能力。这类人往往很自大，虽然知识丰富，阅历广泛，但是博而不精。

似乎什么都懂的男人。这种人知识面广，说话喜欢旁征博引，显得知识渊博。但是，他们对知识的掌握程度往往仅是知道的程度，而不懂得深入思考吸收化知识为实际的能力。因此，他们思考问题浮于表面，看不到问题的关键，做事也大多是空谈。

讲话温柔的男人。这种人性情谦和，性格柔弱。他们不喜欢争强好胜，权力欲望平淡，与世无争而且不容易与他人结怨。但是，因为他们性格软弱，所以胆小怕事，对人对事采取规避态度。

话题反映男人性格

言谈的内容与内心的想法密不可分。通过男人交谈的话题，我们可以洞悉他们的内心世界，了解他们的真实想法。

偏重自己、家庭或职业的话题。这类人有很强的自我意识倾向，他们很自信，做事喜欢以自我为中心，因此有些强势，不太顾及他人的想法。

谈论关于别人的消息传闻。这类人很不可靠，因为他们在了解别人的传闻之后往往会向下一个人传下去，和这样的人交往很可能也成为传闻的对象。因此，这类人也不受他人欢迎，朋友很少。

埋怨待遇低微的男人。这类人往往对工作待遇愤愤不平，然而实际上，他们往往志大才疏，又有些自大，因此将这种内心的不满转化在"待遇低微"的借口上。

谴责上司过错和能力的男人。这类人很自信，也很自大，他们有很大的野心和抱负。但是，他们确实有能力，只是有些过于骄傲罢了。

言谈习惯泄露男人性格秘密

每个人都有各自不同的言谈习惯，而习惯则是个性的展露，与内在性格密不可分。因此，想要了解男人性格的秘密，可以在他们的言谈习惯中找到性格的印记。

常说错话的男人心口不一。表里不一的人往往会把真正的想法隐藏在心里，他们不会说真话，也不会说心里话，所以选择不把这些话说出来。然而，越是禁止，表达的欲望越是强烈，所以，他们很多时候都会说漏了嘴，把不想说的话说出来。在这种情况下，即使他们为自己开脱，也不要轻易就相信他们。

偏爱辩论的男人实则懦弱。这类男人很喜欢抬杠，经常是不把对方说得哑口无言就不罢休。这种人虽然看上去气势凌人，但内心是懦弱的，他们充满了孤独和恐惧，而为了掩饰这样的感情，他们千方百计找人辩论，以显示自己的强大。

边说话边打手势的男人说服力强。有些人在说话时会不时地做出手势。这样的人大多性格外向，自信心强，行事果断，在讲话时很有说服力。他们大都很有领导才能。

阅读男人的方法有很多，而言谈就是其中非常重要的方法之一。如果能够在阅人时善用言谈的作用，分析隐藏在言谈中的性格元素，就一定能够更加深入地了解男人。

阅人笔记

男人的言谈中总是蕴藏着丰富的性格信息，要想了解一个男人，倾听他的言谈是非常有效的办法。他的说话内容、说话方式、说话习惯，甚至是口头语都传达了他的个性特点，所以，我们要做好倾听者，从话语中听出我们想要的信息。

揭下男人的面具，通过喜好看男人

男人不善于表达，他们沉默寡言，而做事也总是有自己的方式，让人摸不着头脑。了解男人很重要，他们虽然不会轻易将自己的内心世界暴露给人看，但是他们的爱好往往将他们的心思泄露无遗。

他是一个什么样的男人？对于女性来讲，这是一个最常见也最难回答的问题。其实，想要看懂男人并不难，只要掌握了适当的方法，并细心观察实践，就一定能对他的性格有所了解。比如，从男人的喜好中就能够洞察出他真实的性格倾向。

最近，小玉结识了一位男士，他给小玉留下了很好的第一印象。在接下来的交往中，小玉更是被他的个人魅力深深地吸引了。因此，小玉希望能够和他深入地交往下去。然而，由于两人的交往并不深，小玉对他的性格并不了解，更不知道怎样才能够更好地与他进行交流。为此，她感到非常苦恼。一次，她将自己的苦恼讲给了一位在阅人方面非常独到的好朋友，希望他能够给她一些建议和帮助。朋友在仔细听完小玉的讲述后，便询问小玉是不是了解对方一些爱好。小玉想了想后告诉朋友，他很喜欢穿白色的衣服，因为两人的几次交往中对方大都是白色的着装。朋友听完告诉小玉，她中意的那位男士是一个追求完美的男士，他很注重自我感觉，很有格调和品位，当然也有些挑剔。想要赢得他的好感，就需要让他感到轻松和自由。同时，他喜欢温柔和体贴的情感。听了朋友的建议后，小玉与那位男士的交往果真有了很大的进展，并且很快就成为了恋人。

小玉的朋友在阅人上的确很独到，他仅通过对方喜欢的颜色就准确地判断出了对方的性格特点，不能不让人佩服。想要成为阅人高手的我们，也要学会从喜好入手，从中读出男人的性格特征。

从颜色喜好看男人

人们都有自己的喜好，而不同的喜好往往与不同的性格联系在一起。对于男人来讲，对于颜色的喜好就是他们众多喜好中的一个重要方面。因此，我们可以透过男人对颜色的喜好来了解他们的性格。

喜欢白色的男人。他是个标准的完美主义者，是浪漫迷情的男人。他们总是沉浸在回忆中，容易依着自己的感觉和情绪游走，自恋倾向颇严重，对身边的人和事总是很挑剔。他很有格调品位，也很罗曼蒂克。给他空间和时间，比较容易抓住他的心；温柔、体贴的情感，最能打动他的心；肉体和精神上的契合，是他所追求的。

　　喜欢灰色的男人。他是个很深情的男人，他会默默地付出自己的感情，享受彼此依恋的感觉，容易把感情深埋心中而不愿意张扬。当他遇到不顺或者挫折时，会在内心深处犹豫煎熬，但在表面上却看不出什么不同。他可能具有传统的思想，但又往往夹带着叛逆，是个矛盾的男人。面对不愉快的事，他习惯逃避并让自己活在自己的想象空间中，享受悠然自得的境界。

　　喜欢咖啡色的男人。他阳刚味十足，本质中具有固执和偏犟的脾气。他会有独特的个性和自己的想法，平时看起来很随和，但是当遇到与自己的想法有差异的时候，他的固执和偏犟会马上表现出来。他往往很喜欢被需要的感觉，小女人的温顺和以柔克刚对他来说是最有效的攻击方式。

　　喜欢蓝色的男人。他是个缺乏安全感的人，这是因为在他内心深处存在着不安因子，也因此会在不经意中流露出忧郁的神情。他希望自己能做个自信有品位的优雅男人。事实上，他无论是对家具、艺术还是服装都有自己独特的想法，品位与众不同，喜欢自由自在的生活乐趣。他很挑剔，有着很强的自尊心，因此肯定不会随便找个情人，这样会让他觉得不舒服。因此，除非他看上或爱上某个人，他才会大胆热情地主动追求。

　　喜欢黑色的男人。他是个让人难以捉摸的人，他不愿意让别人了解到他内心的想法，因此喜欢把自己真实的情感隐藏起来。他往往会自视清高，自以为是，喜欢故作神秘。他会有强烈的疏离感和寂寞感，他有很强烈的占有欲，而且他的捉摸不定往往会让恋人非常痛苦。

从旅游偏好看男人

心理学家认为，旅游是了解男人性格的好办法。旅游是一种放松的方式，而男人在这种放松方式的选择上很容易展露自己的真实性情。因此，我们可以从男人对旅游的偏好中了解他们。

喜欢海滩的男人比较传统，他们保守且性格孤僻。他们向往安静而又离群索居的生活。他们对人大多淡漠，所以他们的朋友不是很多，不过他们家庭观念很强，会是非常和蔼的父亲，他们会把所有心思都放在孩子身上。

喜欢登山的男人深沉、内敛，沉默寡言。他们喜欢征服和挑战，是那种一旦认定就绝不服输的人，他们不会把登山看做是享受和休闲，而是当做一场征服的过程。

喜欢到各地探访亲友的男人实事求是，做事脚踏实地，沉稳可靠。另外，他们忠诚，没有太多的心思，对感情非常严肃认真，是值得依靠的男人，不过，他们不会很浪漫，也不会制造惊喜和快乐。

喜欢露营的男人比较传统，而且非常保守，他们总是固守着过时的观念，他们信奉崇高的道德标准，对自己和他人都有很高的要求。他们独立自强，很有创造力，这样的人也属于可靠的男人类型。

喜欢出国旅行的男人热衷于潮流和时尚，喜欢丰富多彩的生活，他们不喜欢束缚，喜欢轻松自在。他们也很幽默开朗、乐观向上，有很强的抗压力、抗挫折能力。他们喜欢的感情是轻松无拘无束的，因此，和这样的人恋爱时千万不能把他们抓得太紧，让他们感到束缚，这样他们很有可能为了自由而跑掉。

男人的喜好同他们的性格是分不开的，从他们的喜好中，我们常常可发现隐藏其中的性格的折射。因此，在阅读男人时，也要学会从他们的喜好中洞悉他们的性情。

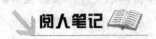

业余时间是观察男人的好时机。因为男人在有组织地工作或学习时，其思想意志往往会受到制度和集体意志的约束。而业余休闲时间则是由个人支配的，因此更容易流露出他们的真性情。

爱美人也爱江山，从事业
探视男人的内心风景

在大部分男人心里，事业是第一位的。在男人的一生中，大部分的精力和时间都花在了事业上，因此，通过男人的事业，可以全面深刻地了解男人的性格。

事业是一个男人最综合信息的体现，他的能力、地位、性格无一不从事业中体现出来。事业是男人不倦的追求，然而并不是所有的男人都能把事业做得风生水起、活色生香。不同的男人选择的职业不同，从男人的事业中，他们的脾气禀性得到了淋漓尽致地体现。

文科类职业的男人性格特征

从事文科类职业的男性普遍感性温文，心思细密。同理科类职业的男性相比，他们比较浪漫，注重个人外在形象。在选择另一半方面，他们更加注重女性的外表和品位，注重心灵的契合，是很追求生活品质的一类人。但是，不同的文科类职业男性又有着各自的特点。

人文类男人知识渊博，见识广泛。他们很有才华，是男性中最善于语言表达的一类人。他们很有情调，懂得讨好女性，又善于表达感情，是很理想的情人类型。但是，他们也有些多愁善感，内心总是充满各种

思绪，也因此显得缺乏男子气概。他们很懂得体贴女性，安静美好的淑女是他们喜欢的类型。不过，他们大都有些心胸狭隘，是爱计较的一类人。而且，他们的多愁善感往往导致他们的多情。

经管类男人是所有文科职业中最具有理性气质的一类人。他们做事踏实，勤恳上进，思维严谨，求真务实。他们很实际，考虑问题也非常理性，提出的意见也非常切实可行。他们大多头脑聪明灵活，眼光独到，判断力准确。他们注重实际，对待生活非常现实，因此，他们的择偶往往是经过了理性的分析利弊之后才做出的。他们喜欢时尚漂亮的异性，当然不是说他们只注重外表，只是说他们在这方面的要求略高。他们的工作往往离不开金钱，因此，他们在物质上有些计较。

语言类男人是勤恳工作的上班族，他们可能没有文史类男人的才华，也没有经管类男人的聪慧，但他们很务实，对工作非常投入。他们的工作可能没有太大的升值空间，也没有什么创造力，但是他们很勤恳。他们大方开朗，善于和不同的人打交道。这一行业的男人很时尚也很开放，因此他们喜欢的女性可能不够漂亮，但是却要有个人特色。

艺术类男人天生浪漫，才华横溢，而且非常有创造力。他们往往有很高的天赋，而且也有相当的品位。他们的想法非常独特，甚至有些另类，他们天马行空似的想法总会让身边人难以理解。他们有热情、激情，一旦恋爱则全身心地投入，轰轰烈烈。但是多情是他们致命的弱点，因为他们太会发现美和欣赏美。和这样的人相爱在最开始往往是火花四射的绚烂，但往往很快就结束。和这样的人谈恋爱是一种挑战。

理工类男人的职业特征

理工类男人往往很木讷，这不是说他们不懂变通，而是他们不够浪漫，心思不够细腻。但是，他们很幽默，并且智商很高，只是他们的理性让他们看起来有些不解风情。同样，不同类别的理工类职业男人也有着不同的性格特征。

技术类男人是踏实肯干的老实男人。因为工作原因，他们务实，注重实际，不太擅长语言表达，在制造浪漫上也往往不尽如人意。但是踏实质朴是他们最大的优点。他们可能不是口吐莲花的完美情人，却是顾家的好老公。他们的感情总是深埋在心里，只是不愿表达出来。他们非常值得依靠。他们对另一半的选择也并不挑剔，因为他们看中的是女性内心的善良和贤惠。

医科类男人严谨，一丝不苟，而且大多都有洁癖。做事细致、一丝不苟是他们的特征，他们在理工类男人中算是比较浪漫的一群人，他们很注重品位，性格也大多温厚文雅，给人非常踏实的感觉。冷静是这类男人的最大特点，因为他们已经习惯了突发状况，和他们在一起不会缺乏安全感。和这类男人谈恋爱要学会适应他们的沉静和无语，不是他们不在乎另一半，而是他们性格和职业习惯如此。

IT 类男人头脑聪明，反应迅速，有很强的适应能力。他们中大部分都是高智商一类的人群，年轻有为，做事高效简捷。他们总是有很多新主意，和这类男人在一起不会感觉到无趣，因为他们对潮流资讯的掌握总是让人眼前一亮。他们朝气蓬勃，活力积极。不过，因为他们的高薪职业及优秀的个人特质，他们很受女性欢迎，这让很多女性没有安全感。确实，他们很抢手。

研究类男人踏实沉稳，显得有些古板不知变通。当然，这不是指他们的智商，而是指他们在爱情方面，他们不浪漫，更不懂揣摩女性的心思。在他们眼里，一切都是实际的，都是有理有据的，可以解释得通，而女性的情感却偏偏不能用理智和逻辑来衡量。他们做事总是寻求最便捷的方法，因为他们相信他们的头脑会为他们提供最佳的解决途径，而这一点往往成为他们感情的劣势。不过，这类男人很可靠，因为他们踏实顾家，是可以细水长流的一类人。

男人不是谜，慧识好坏很关键

153

男人并不神秘，而女人也不必将他们复杂化。其实他们很简单，从内心里，他们总是长不大的小男孩，他们看似复杂的外表下其实有颗简单的心。他们有缺点，有弱点，但是他们也有很多的优点，正是因为这样让女人们又爱又恨。要想看清男人，就要看到他们伪装的外表下真实的自我，而职业往往是了解他们最有效的方式。

他是否中了你的丘比特之箭

恋爱中的女人常常会问这样一个问题："他对我有好感吗？他爱上我了吗？"女人们为了找到答案，挖空心思百般求证，可是到头来还是捉摸不定，一头雾水。其实这个问题并不难回答，因为有些特定的细节就能传递出答案。

有句名言说道："爱情和咳嗽一样，是藏不住的。"恋爱时的人们总是猜测对方的心思，其实当局者迷，感情会不自觉地从眼角眉梢等细节中流露出来，是无法隐藏的，因为人们的一些表现和行为往往会泄露内心的真实情感，女人如此，男人也是如此。

宁宁和小周相识很长时间了。在两个人的交往中，宁宁逐渐对小周产生了好感。但是，她却不了解小周心里的想法，不知道在他心里是不是也喜欢自己。为此，宁宁很苦恼，虽然她不停地猜测小周的心思，但却找不到清晰的答案。由于女孩子害羞的天性，宁宁又不能直接去问小周。在一番纠结与痛苦中，她向一位懂心理学的朋友寻求帮助。这位朋友告诉她，如果想要了解对方对自己是不是有好感，首先就要留意对方的眼神，因为人们的感情会不自觉地从眼神中表现出来，如果对方不时向她投来眼神，尤其是时间较长的凝视，就能说明对方心里对她很有感情。其次，就要在两人交往时从他的举手投足之中观察，看看是不是有与他平常行为明显不同的举动，然后再分析造成他这一举动的原因。在朋友的帮助下，宁宁终于了解了小周的想法，原来，小周对宁宁也很有好感。这让宁宁很开心，在两人的交往中也放开了一些，有意让小周察觉自己对他的感情。果然，不久以后小周就向宁宁表明了爱意，而两人也成了幸福的情侣。

故事中我们看到，宁宁正是因为洞悉了意中人的想法，才做出了正确的决定，让对方感觉到自己的心意，因此增加了追求宁宁的信心。在恋爱时，了解男性的心意非常重要，这不仅关系到两个人感情的发展，也关系到女性能否收获爱情中的快乐和幸福。那么，他对你动心了吗？下面的几点将会告诉你想要的答案。

从细节洞悉他是否动心

内心的真实感情是很难掩饰的。因此，恋爱中的女人完全可以通过男性的一些细节表现来推断对方是不是对自己有意。这不仅需要对男性的一些外在表现进行深入观察，更需要了解在恋爱中男性对女性动心的典型特征。

他经常凝视你。 眼睛是心灵的窗户。想知道一个人到底有没有动心，他的行为远远比不上他的目光可靠。如果他喜欢上了你，他会不时用目光扫视你所在的方向，而他看你的眼神也与看其他人不同。那是一种热烈而又脉脉含情的凝视，他内心的感情毫无掩饰地通过他的眼睛表达了出来。如果他以这样的目光凝视你，那么他对你绝不仅仅是欣赏那么简单。

他在公共场合主动要为你帮忙。比如说，看见你正在和熟人谈及某些费神难办的事时，而身边的他主动插话，并言称自己有什么关系或是门路，或是认识某人，或是有什么解决问题的特别方法。他主动为你提供帮助，你们或许是熟人，或许是不熟但多少有些联系的人，但他的做法表明他正在讨好你，并且希望找到机会深入交往。

你们并非夫妻，却经常赌气。如果你们双方都赌气，相互不理，这不仅说明，你们的关系较为深入了，并且还说明，你们之间已经有了较长的情感关系。男女在产生情感之初，一般不会经常赌气的，双方都会在乎对方的感受，但等到感情有了一定的深度时，一方对另一方有了较多的付出，也就会有较多的索取和要求，也就有了更多赌气的资本，当感情成了"鸡肋"时，就更容易赌气了。

他和你大大方方走一起，并表现得较为亲近。特别是你们在相互欣赏，比较投机但还没有真正开始情感之旅时，看起来会很亲热，但你们的相处却会是大大方方的。男女之间，除了正常的情侣，交往之前，都会表现出往一起凑的趋势，当等到真在一起了，在公众场合就要主动分开了。

从行为探知他对你感情深浅。女人在爱情里总是缺乏安全感，即使是已经在一起的两个人，女人也总是希望不断确定对方的真心，想知道自己在对方心里到底有多重要。然而，语言并不可靠，所以要想确定在对方心里的分量，还要通过对方的表现，来了解他到底有多深爱你。

他害怕你难过。他看不得你难过，因为他看到你难过会很心疼。他会感觉到很不安，他竭力地想办法让你开心，并总是竭力地想帮助你解决问题。所以，当你快乐时，他也会非常的高兴，因为他从心里在乎你。

他经常给你买东西，却很少给自己买。他很在乎你，但是他不喜欢用语言表达。他总是会关注你的需要，并时不时地给你买礼物作为惊喜，而他对自己却很马虎，很少在乎自己的需要因为，他的心思都在你身上。

他很照顾你的朋友和家人。因为在乎你，所以他总是想你所想，因此他爱屋及乌。他愿意照顾你的家人，在他心里，你的家人就是他们的家人，他愿意帮你分担义务和责任。而对待你的朋友也非常友好，因为他在乎你，希望你快乐。

他在亲朋好友面前夸奖你。他从内心里喜欢你、欣赏你，而在亲朋好友面前，他总是抑制不住对你的喜爱之情，会不自觉地流露出对你的感情。他希望让所有人知道你的好，让所有人知道拥有你是他最大的幸福和骄傲。

恋爱中的女性总是关注对方的心意。然而，了解心意不能仅凭猜测或是直觉，应该通过对方的举止或表现来判断分析对方的心理，因为一些特定的动作和表现常常是他内心真实情感的流露。

感情虽然并不容易收放自如，但是了解对方的感觉非常重要。如果对方并没有好感，那么盲目地付出感情对自己既是一种伤害，又是一种不明智的做法。因此，在决定投入一段感情之前，最好要了解对方的心意。

他是否值得你托付终生

对于女性来讲，找到可以托付终生的好男人至关重要，因为这关系到女性一辈子的幸福。因此，女性在婚姻的选择上一定要擦亮眼睛，沙里淘金，找到那个属于自己的好男人。

金无足赤，人无完人。每个人都有这样那样的缺点。可是，对于婚姻来讲，总有一些男人是不能让女性获得终生幸福的。他们有一些致命的缺点，这些缺点藏在骨子里，无法改正。因此，要想拥有一生的幸福，就要精挑细选，慧眼识人，看穿那些不适合做伴侣的男人。

晴晴是个非常优秀的女子，她美丽大方，聪慧善良。这样的女子是不乏追求者的，身边总是围绕着很多优秀的男性。而晴晴也有意为自己挑选一位可以托付终生的伴侣。在这些人当中，晴晴最中意的男士有两位，两个人一样的优秀，对晴晴也是一样的用心。晴晴有些为难，不知道该怎样选择。一次，晴晴的一个朋友举行了一个生日聚会，而恰巧这两位男士都受邀参加。在宴会上，这两位男士的表现却迥然不同。其中的一位男士总是成为女性围绕的中心，他与不同的女性谈笑风生，非常受欢迎，似乎忘了晴晴的存在。晴晴从心里感觉到，这是一位"浪子"型的男人，是不适合她的。而另一位男士则沉稳文雅，虽然也和不同的女性交谈往来，但是却一直既有风度又有距离。他不时地将目光投向晴晴，根本没有在意身边众多的美女。看到这一点，晴晴做出了决定，选出了自己理想的伴侣。事实证明，晴晴的选择没有错，他对晴晴呵护备至，让晴晴感到非常幸福。

晴晴的选择是正确的，要不是她眼光独到，理智聪明，很可能就错失了一生的幸福。对女性来讲，选择伴侣非常重要，一定要谨慎仔细，慧眼识人。那么，哪些男人不可靠，不能成为终身的伴侣呢？以下几种类型的男人非常值得注意，要小心对待，否则很可能遗憾终身。

愤世嫉俗的男人

他们总是一副痛苦的样子，因为他对这个社会和很多事情都非常不满。这样的男人是不能共度一生的，因为他们活在自以为是的世界里，追求一种永远也得不到的境界。和这样的男性相处，他们的若即若离会让女性痛苦不堪，他们善于欺骗向往爱情但又缺乏恋爱经验的女人。

事业狂的男人

事业出众的男人总是让女人倾心，可是过于看重事业的男人往往会以牺牲个人情感为代价而追求在事业上能够为他们带来金钱地位的女人。这种男人的择偶条件是实际的，是与他们的事业联系在一起的，因此要不得。

"浪子"型男人

这样的男人交际面广，他们身边总是不缺各类女人，而他们也从不打算守着一个人过一生。这样的男人是无法用真情真意打动的，到头来，只不过是女性一相情愿的想法。

优越感过强的男人

这样的男人有一份值得骄傲的事业，大都生活精致、收入不菲。因此，他们自视甚高，目空一切。他们习惯用钱来享受生活，显示身份。然而，他的优越感会让你自卑，恋爱也毫无乐趣可言。他们永远都是中心，而身边的女人只是陪衬。

志大才疏的男人

这类男人不切实际，好高骛远，盲目自大，对自己的生活和事业期望很高。而他们事实上缺乏内涵，没有真才实学，也不能踏踏实实地做事。如果和这样的男人在一起，会发现他们其实华而不实，而他们一般也不会有太大出息。

金钱至上的男人

他们凡事以金钱为第一，钱是他们生活的中心，但是，他们往往精神空虚，他们对物质的追求让他们迷失在金钱的世界里。而和这样的男人在一起也不会有幸福可言，因为他们的眼里只有金钱。

吝啬的男人

吝啬的男人斤斤计较，他们不会在任何人身上花费金钱，而且，他们不仅仅在金钱上小气，心胸也很狭隘，没有器量。与这样的人生活，难免会陷入无休止的计较纠缠之中。

感情冷漠的男人

表面上看起来他们冷静沉稳，会容忍女性的缺点，而实际上，他们什么都没有放在心里。在他们看来，你根本没有在他们心上，因此也不值得和你计较。这样的人对你没什么感情，生活在一起也不会幸福。

有不良嗜好的男人

嗜酒成性、赌博……甚至对工作或任何事物过于迷恋的男人都是靠不住的，因为他们对这些事物会投注大量精力和金钱，因此，他们不会有太多精力和时间花在你们的感情上。而在他们心里，你也比不上他们的嗜好重要。

选择伴侣对女性来讲至关重要，因此绝不能马虎和草率行事。女性要想找到合适的伴侣，就一定要注意鉴别出不能嫁的男人，用自己的慧眼和慧心为自己挑选出可以共度一生的人。

阅人笔记

女人最大的智慧就在于选择的男人。面对形形色色的男人，要选出可以执子之手，与子偕老的人并不容易。这是一项漫长而艰巨的工作，不仅需要花时间细细观察，还要有一双慧眼。而一旦发现身边的男人并不适合，就要果断地作出决定，不能感情用事，最终贻误了终身。

万种风情皆女人，看穿心事最重要

　　女人是水做的，是感情的动物，她们善变、多疑，总是让人摸不着头脑。在交往中抓住女性的心理，往往能取得事倍功半的效果，让两性间的交流更加顺畅愉快。

女人心理特质的终极分析

　　女人的心变化多端、难以捉摸，让无数男士大伤脑筋，苦苦思索找不到答案。其实，女性虽然敏感多变，却也有着显著的个性特征。

　　女人心、海底针。女人感性，善变，脆弱而又多愁善感。女性是美的化身，千百年来，无数诗人作家用他们的生花妙笔塑造了无数经典的女性形象，可是却没有哪两个形象是相似的。由此可见，女性真是性格万千。然而，总有一些个性特点是所有女性共通的，是有迹可寻的。

　　著名文学家曹雪芹曾借由他的经典名著《红楼梦》来表达他对女性的看法。在他看来，女人是水做的，灵动、纯洁、美好。而同时，这句话也说明了女性的一些共同特征，那就是柔弱和感性。实际上，女性的特质远远不止这一点。她们有着类似的思维模式、相似的处理问题的方式、大同小异的喜好和近似的弱点……女性的情感非常丰富，也因此造成了女性的善变和难以捉摸。

　　但是，这并不是说女性是无法了解的。纵然女性风情万种、千姿百态，她们也有一些显著的总体的特征。想要走进女性的内心世界，就要了解女性这些特有的心理特质。

女性善于语言表达

　　女性非常善于语言表达，而且也非常愿意表达心里的感觉。她们愿意借由语言来表达内心的情感和对周围事物的感受，这一点和男性的寡言少语形成了鲜明的对比。女性喜欢沟通，她们认为沟通是增进感情的一种方式。而且，女性要比男性话多，这也是为什么男性常抱怨女性唠叨的原因。

女性需要安全感

女性天生缺乏安全感，因此女性胆小，患得患失。这与女性的体质有关，因为同男性相比，女性在体质和体力上都差很多。尤其在爱情方面，女性担心爱情中的种种变化。她们害怕恋人突然之间的变心，害怕失去爱情。所以，她们需要不断通过各种方式来证明恋人的真心，而男女之间的差异又往往让她们得不到想要的答案，因此她们经常陷于忧伤之中。

女性爱美

爱美是女人的天性，而时尚产业恰恰是利用了这一点获得了庞大的收益，就连席卷全球的经济危机也动摇不了她们庞大的消费群体。女人爱美有一定的历史和社会原因，女性天生就是为了美丽而存在。美丽是女性的安全感，美丽之于女性就像金钱与才华之于男性。美丽是社会加在女性身上的价值标准，而红颜易逝，所以女性加倍爱护自己的容颜。在她们看来，容貌是爱情的源泉。当然，这与男性的喜好是息息相关的，因为他们喜欢美貌的女人。要想讨好女人，无论多大年纪，只要和容貌相关就不会错。

女性爱情第一

在当今社会里，女性把更多的精力投入到了事业中，但是她们内心里爱情永远是第一位的。男人会为了事业放弃心爱的女人，却少有女人会为了事业牺牲爱情。女性的心里总是渴望着一份真挚的爱情，为此，她们愿意付出一生去耕耘。虽然男人们抱怨女性越来越现实，会为了物质放弃爱情，而女性在爱情方面确实也开始越来越理智，但这并不是因为女性已不再重视爱情，而是因为她们没有找到让她们深爱的并能够托付终生的男人。所以，在不确定的感情和确定的优越生活之间，女性理智地选择了后者。

万种风情皆女人，看穿心事最重要

女性重视节日

大部分的女性都非常注重节日，比如生日、圣诞节、情人节。因为她们缺乏安全感，需要他人的关心，所以她们需要适时地确认她们的分量，而节日则是最好的契机。可是，大部分的男人却不这么想，他们并不认为这些节日有那么大的意义，哪一天都是一样的，并没有什么特别。所以，当女性热切地期待男性的表示的时候，男性却往往不以为然，而这直接导致了女性的安全感危机。她们开始怀疑、不安，害怕失去感情。

女性虚荣心强

少有女性不希望得到他人的关注和目光。她们喜欢比较，和同性间比容貌、比身材、比事业，尤其是比爱情。她们在比较中会获得巨大的满足感，而如果不如人，她们又会苦恼不堪。女性都希望自己的另一半有地位有财富，并且把自己捧在手心里。其实，每个女性在内心里都有挥之不去的"公主梦"，她们渴望被重视和被宠爱，哪怕早已白发皓首，也不会放弃这个潜藏的梦想。

女性渴望欣赏与赞美

男性都知道女性喜欢听甜言蜜语，却不知道深层的原因。其实，女性是极度自卑又极度自恋的动物。有位著名作家曾经说过："世界上没有哪个女人觉得自己不漂亮。"然而，人外有人，天生丽质的绝色美女并不多，大多数女性的容貌都是比上不足比下有余的。出于虚荣心和爱美的天性，她们一方面自信自己的美丽，另一方面又在其他漂亮的女性面前自卑。这时候，她们需要通过自己身边的男人的赞美与认可来确认自己的魅力。

女性善用直觉

考虑问题时，男性很理性，总是严谨细致地思考。而女性则不同，女性感性，她们做事往往凭直觉，而她们的直觉往往很准。不要以为直觉不靠谱,是无稽之谈。科学家已经证明,所谓直觉,是人类对未知事物的一种感觉认识,并不是毫无根据的。女性则非常善于用直觉,而且她们的直觉也往往很准。所以,不要认为女人无理取闹,不善于思考问题,她们只是不愿意用思维将事情复杂化,因为她们已经感觉到了端倪。

阅人笔记

女性的内心世界很丰富也很复杂。要想赢得女性的真情,就要有足够的耐心进行深入地探寻,用怜惜包容的心态去打动那颗脆弱、敏感而又深情的心。

女人最致命的弱点

形容女性的时候,人们总会用到神秘、捉摸不定这样的词汇。其实,女性看似难以看透的外表下是她们的柔弱和感性,她们将自己的弱点隐藏起来。可是,性格总是藏不住的,总会以各种方式表现出来。

"脆弱啊,你的名字是女人!"这是大文豪莎士比亚借由他的作品对女性的弱点发出的感慨。虽然其中不无轻视的成分,却也说明了女性的一个普遍弱点。其实,女性并不是无法了解的,她们除了有明显的性格特征外,还有一些致命的弱点,而了解了这些弱点,对于想要打动芳心的男人来说,无疑是极大的帮助。

墨西·孟德尔颂是德国知名作曲家的祖父。他年轻的时候才华横溢，睿智出众。但美中不足的是他外貌极其平凡，不仅身材五短，而且还是个驼背。

一次，他在去汉堡的时候，爱上了一个商人的女儿。她叫弗西，年轻美貌，高贵典雅，和墨西的外貌形成了鲜明的对照。墨西无可救药地爱上了她，于是，他向她求爱，但弗西却因为他的丑陋而将他拒之于千里之外。

到了必须离开的时候，墨西鼓起了所有的勇气，上楼到弗西的房间，把握最后和她说话的机会。她有着天使般的脸孔，但让他十分沮丧的是，弗西始终拒绝正眼看他。经过多次尝试性的沟通，他害羞地问："你相信姻缘天注定吗？"

她眼睛盯着地板答了一句："相信。"然后反问他，"你相信吗？"

他回答："我听说，每个男孩出生之前，上帝便会告诉他，将来要娶的是哪一个女孩。我出生的时候，未来的新娘便已许配给我了，上帝还告诉我，我的新娘是个驼子。

"我当时向上帝恳求'上帝啊！一个驼背的妇女将是个悲剧，求你把驼背赐给我，再将美貌留给我的新娘'。"

当时弗西看着墨西的眼睛，她的内心深处乱了。她把手伸向他，之后成了他最挚爱的妻子。

故事中的墨西原本没有多少成功的可能性。然而，他却巧妙地利用了对方的心理弱点——暗示的力量，最终赢得了美人的芳心。由于对方心中深信着上帝的力量，深信姻缘天定，墨西正是利用这一点，通过编造了一个有关上帝的旨意的虚构故事，使对方在自我暗示的作用下深信自己就是墨西指定的伴侣。在故事中我们也可以清晰地看到，如果能够准确掌握女性的心理特点，并巧妙地利用这些弱点，往往能够带来出其不意的效果。那么，女性的致命弱点有哪些呢？看看下面的几点就知道了。

女性对称呼很敏感

女性非常在意他人对自己的称呼。女性在乎年纪，更在乎在男人心里的地位。因此，最好不要对女性说出"大姐""阿姨"等年龄暗示明显的称呼，"您""女士"则是不错的选择。对于心仪但不熟识的女性，见面时对她说"我以后可以称您为你吗"，也许她一时会感到莫名奇妙，但这却是一种可以刺激女性爱意的用语。而关系亲密的两人间一句"亲爱的"，一定能让她感动。

对理论的敬畏

女性在理论方面的能力普遍较弱，她们不善于理解理论，更不善于分析理论，所以女性对于擅长数字和理化的男生会很有好感。因此，在与女性相处时如果不时谈及一些理论性的话题，她很可能会对你产生尊敬之感，进而产生喜爱之情。

暗示的力量

女性对暗示的接受度很高。如果有人对她说她今天很美的话，她很可能就真的认为自己很美。试着对心仪的女性说："不知道是什么原因，现在突然觉得我们不像是外人了！"一定能够让她们心动，并且真的和你关系更加密切。

女性缺乏方向感

女性的方向感是较差的。她们不善于记忆道路，因此大部分的女性都不是好司机。如果女性无法一个人回家的话，一定要陪伴她安全地送她回家，这种方式比起语言的追求有实际效果。这不仅让她们觉得你体贴值得依靠，更会让她们感觉你很聪明并且有能力。

机械能力

机械能力也是大部分女性较弱的一环。男士们不妨试着修理一下电话、录影机等电器用品，让她看看你在机械方面的能力，一定能让她们

万种风情皆女人，看穿心事最重要

对你刮目相看。她们会对你盲目崇拜，非常信任你的能力，而且会对你倾心不已。

对婴儿毫无免疫力

婴儿也是女性的弱点之一。这源于女性天生的母性，她们特别喜欢小孩。而且，女性较易对喜欢小孩的男性产生好感。如果迎面来一位抱着婴儿的妇人，此时你去逗弄那婴儿，相信她一定会觉得你是个充满爱心、顾家的好男人，对你愈来愈有好感。

对白、圆尤其是发光物体的迷恋

心理学家经研究表明，女性和鸟类一样，都容易被发光的物体所吸引。这也是为什么女性都喜爱钻石的原因。同时，女性对于"白、圆、亮"的事物也特别有好感。选择在月夜下漫步或花朵盛开的地方约会，都是不错的选择。

女性有秘密

秘密是女性的弱点。女性只会对非常亲密的朋友说出秘密。千万别轻视了这种弱点的运用，如果能将你的秘密告诉她，让她感到你对她的信任，一定能拉近彼此间的距离，对追求对方效果非凡。

女性喜欢音乐

音乐也算是女性的一个弱点。大部分的女性都热爱音乐，同时，爵士音乐较会使女人产生兴奋感。与其带她去看电影不如去带她听演唱会或音乐会，尤其是年纪较轻的女性这种倾向更是明显。

具有魔力的字眼

"结婚"是一个最有魅力的字眼，但是千万不可用"结婚"来欺骗女人感情，要使用此弱点的前提是"真有结婚的打算"，若真有此打算一定要早日表明清楚，因为男人最失败的一点就是迟来的情感表白。

女性重感情，如果能够把女性的弱点恰当地运用在打动芳心的行动中，一定会取得意想不到的效果。女性的内心里是渴望爱情的，如果能让她们感到你的真诚和深情，并且为你心动的话，你一定会收获她们最真挚的感情。

藏在女人头发上的心理密码

雪肤乌发是女性美丽的象征，而乌黑亮丽的长发总是让无数男性倾心不已。其实，头发不仅仅代表着女性的美丽，更与女性的性格有着千丝万缕的联系。

长发飘飘，轻舞飞扬。头发是身体不可或缺的一部分，而对于女性来说，头发更与美丽有着直接的联系。头发是女性的第二张脸，从这张脸中，我们不仅能读出女性的美，还能读出女性的个性特征。

性格心理学家认为，女性的头发和性格及心理状态息息相关。无论是发质还是发型，都体现着女性内心世界的秘密。下面，就让我们具体地了解头发中隐藏的性格信息，解密藏在女人头发上的心理密码。

发型看女人性格

女性对发型的选择总是体现着她们的审美喜好和个人品位，而这些往往和她们的性格有很大关系。因此，想了解一个女人，可以从她的发型入手，寻找有关个性的蛛丝马迹。

万种风情皆女人，看穿心事最重要

飘逸的过肩长发。这类女性比较清纯可人，内心淳朴，个性温柔善良，人缘好，朋友广。她们认为女性的天职是相夫教子，在婚后愿意尽力照顾好家人，生子后会乐意做全职的家庭主妇。

波浪形过肩长发。这类女性希望把自己打造得充满魅力，喜欢个性自由的生活环境。她们也常常令前来追求的男人想尽办法来取悦她们，她们的这种性情对男士非常具有吸引力。这种女性对事业雄心勃勃，她们认为事业的成功是提升魅力的筹码。

梳披肩发的女性。中发披肩，既不会短得有点"男人气"，也不会显得太"女人味"。这类女性是中庸之道的拥护者，衣服既不会光艳炫目也不会很朴素，既不是时尚的弄潮儿也不是落伍者。这类人既不守旧，也不主动冲在前面，容易出现满足心理。

梳短发的女性。这类女性看起来精神爽朗，充满朝气，她们不在意因此失去了几分女人味。她们的生活很有条理，做事情知道轻重缓急，主次分明，而且总是用最直截了当的方法处理事情，不喜欢拖拉。

扎辫的女性。这类女性给人的感觉是干练豁达。她们的生活往往按部就班，少有变动，为人处世非常严谨。对她们而言，处理一件事的正确方法只有一个。为了维护自己的立场和观点，她们往往很固执，喜欢把别人的建议拒之门外。

从头发分缝看女人性格

女性往往通过为头发分缝来使发型富有变化，而女性的分缝方式往往和她们的性情相关，不同的分缝方式体现了不同的性格特点。

不分缝的发型：这是一个对自己的相貌及身材信心十足的女孩，个性极强，在人群中十分活跃，喜欢以自己为中心，同时情绪善变，不易在平淡中刻苦努力，如遇大坎坷极易消沉。

右分型头发：这样的女孩子自视清高，不愿随波逐流，是完美主义者，而且富有发明创造性，总会冒出些与众不同的新想法，勇于做新潮、前卫的尝试。

左分型头发：这样的女孩子因冷静持重、温和诚实而深得同事信赖，意志力强，适合当领导者，爱情专一，但对情爱兴趣极少。

中分型头发：梳中分长发的女孩子感情丰富，与人无争，而有不甘寂寞的倾向，爱情常不如意，有自恋倾向，同时，对影视、文学兴趣浓，有较强的文字能力。中分短发的女孩子较理智、务实，是治家好手，性格温顺，依赖性强，富有奉献精神，是贤妻良母型的女性，喜欢得到别人的夸赞。

头发在暗示性格中的作用不容忽视，通过女性的秀发，我们不仅可以了解她们的性格，还能了解其他方面的信息，比如品位、生活状态、健康等。因此，要想全方位地了解女性，就要学会解读女性秀发中的隐藏信息。

解密女人妆容里面的不平凡

化妆是女性装扮自己的重要方式。"女为悦己者容"，而事实上，女性的妆容不仅仅是为了取悦他人，更是展现自己美丽的一种方式。化妆是女性非常私人化的活动，因而体现着女性的性格和喜好。

著名画家毕加索曾说："女人的脸就像一张画布，她们每天都在这张脸上画从前的自己。"女人大都喜欢化妆，因为女性需要表现自己的美丽，修饰自己的缺点。在现代社会，化妆也已成为社交场合的基本礼节之一。不同的女性会选择不同的妆容，而在她们的妆容中，往往体现着她们的性格。

　　叶女士在一家媒体公司上班，对工作积极投入、从不懈怠，如今事业已经做得风生水起。因为她平时注重保养，保持良好的生活习惯，30岁的她看起来依然年轻貌美。而美中不足的是，她之前一直把精力大多放在了工作上，因此至今身边还缺少一位伴侣。热心的朋友为她安排了一次相亲，对方是个很有品位、很绅士的男士，事业也正如火如荼。两人见面后从事业聊到人生，相谈甚欢，都有种相见恨晚的感觉。这次相亲很成功，尤其是那位男士，对叶女士的印象非常好。他对叶女士的朋友说道："叶女士化了淡妆，妆容很精致但又不张扬，整个人看起来自信而又优雅。看得出来她应该是个有教养、有内涵、很独立、生活态度积极向上的人，正是我心目中理想伴侣的类型。"

　　故事中的男士很懂得阅人的智慧，他正确地从对方的妆容中解读出了对方的性格特征，寻觅到了自己理想中的伴侣。事实上，女性的妆容还有多种不同的类型，这些不同的妆容之中包含着女人怎样的心理和性格秘密呢？看看下面的分析，我们就会明白了。

化淡妆的女人

　　喜欢化淡妆的女人大多是职业女性，她们教养良好，文化水平高，有很好的个人涵养。她们低调，不喜欢表现自己，也不喜欢引起他人的关注。她们很有智慧，无论是人际关系上还是爱情上，她们都懂得收放自如。她们的心思在工作上，勤劳踏实是她们的个性。她们不会在化妆上浪费太多的精力和时间，而化妆对她们来讲只是维护个人形象和工作礼貌的需要。在人际交往上，她们有主见，有自己的想法和思维，不会盲从他人。她们大多在事业上小有成就。和她们相处，会感到她们的温和与亲切。她们没有架子，非常平易近人。她们注重他人的感受，不会给别人带来压力和尴尬。她们希望得到他人的承认和尊敬。

化浓妆的女人

喜欢化浓妆的女人有很强的表现欲，她们非常在意他人的看法和眼光，并且希望得到他人的关注。她们热衷于异性的欣赏和赞美。这类女性开朗乐观，真诚友好，她们思想前卫，容易与周围人相处。她们很自信，善于表现自己，做事力争上游，竞争意识很强。和这样的女性相处，会感到她们的热情和真诚，因为她们总是能活跃气氛。但是，由于她们过于表现自己，行事风格往往也很大胆、夸张，甚至是偏激，做事有时会不顾他人的感受，很容易引起他人的不满。同时，她们有些我行我素，在性格上不够平和温柔，容易给人一种盛气凌人的感觉。和这类女人谈恋爱要注意维护她们的优越感，因为她们非常在乎自己的形象。在恋爱时，这类女人会很主动。

注重唇部修饰的女人

这类女人非常聪明，她们在做事时非常注重办事策略，因此工作高效，办事迅速简捷。因为她们讲求方法，所以她们在事业上会很成功。她们在对待朋友时非常贴心，是值得信赖的好姐妹。在恋爱时，这类女人的表现也非常积极。在遇到心仪的异性时，她们往往主动出击，采取主动的态度，她们在表达爱意上也很大胆。在她们心里，重要的是得到喜欢的人而不是维护自己的面子。但是，对于她们不喜欢的人，她们会很冷漠，甚至不给对方任何的机会。因此，追求这样的女性要做好充足的心理准备。

很少化妆的女人

这样的女人坦诚率真，心地简单善良，追求简单自由、无拘无束的生活。她们有很强的独立意识，为人真实不做作，也非常值得信任。她们做事依靠自己，个性坚强而独立，不喜欢别人帮忙。她们非常注重个人空间。在恋爱时，她们一般不会依赖男人，她们在乎男女平等。由于

万种风情皆女人，看穿心事最重要

她们的独立个性和不注重修饰，有时候会让人感觉不够温柔，缺少了一些女人味。

化妆是大部分女性日常生活的重要组成部分，与女性的习惯和喜好紧密相连。化妆的习惯、技巧、颜色等有着强烈的个人特色，也因此为我们提供了了解女性内心的另一个途径。

百变女人味，闻香识女人

女性因为香水而更具魅力，香水因为女性而更加飘香。香水与女人有着天然的联系：女人因为"女人味"而更加美丽，而香水则为"女人味"的必备法宝之一。女人都有自己钟爱的香水，不同的香水代表着女性不同的性格。

在电影《闻香识女人》中，主人公弗兰克上校是一个精于判断女性的高手，双目失明的他仅凭对方身上的香水味就能够得出对方的有关信息。在影片开始时，弗兰克和他的临时助手查理打算乘飞机飞往纽约。在飞机上，当空中乘务员走过来向二人提供需要的饮品时，双目失明的弗兰克上校说出了这位空姐的名字，而这位乘务员也高兴地回应。这让查理大为吃惊，他原本以为弗兰克上校之前和这位乘务员是旧相识，却没想到他们原本不认识。弗兰克感觉到了查理的疑惑，他解释道："她用的是英国的'芙蕾丝'香水，而说话却是满口加州腔，由此可见她是一位向往英国淑女的加州小姐，因此我给她取了一个类似英国经典淑女的名字——黛安妮。"这不禁让查理佩服弗兰克闻香识女人的能力。

影片中的弗兰克对女人有着超乎寻常的了解，而失明的他仅凭气味就能够识得不同的女人，他甚至能通过香水的牌子判断出对方的外貌和性格。由此可见，香水对于了解女人的性格有着非常重要的作用。香味同女人总是密不可分的，就像香水的种类众多一样，不同的女性也有各自的性格特点，而女性使用的香水则透露了女性与众不同的个性信息。

根据香味类型识女人

每个女人都有自己钟爱的香味。香水是女人的第二层衣服，既彰显着女人的美丽，又诉说着女人独特的风情。

果味香水女人。果味香水代表的是"甜姐儿"类型的女人。这样的女人希望她们的世界里永远是甜蜜、快乐、幸福的玫瑰色，没有痛苦的眼泪，没有生活的艰辛，没有爱情的折磨，更没有世俗的烦恼。要做"甜姐儿"的女人内心有着抹不去的纯真，她们期望长大，但也想永远做个小孩。她们热爱生活，对人生充满了希冀和热情，她们向往明天的美好，单纯地朝着梦想张望。她们厌恶痛苦，但也能坚定地面对人生。"甜姐儿"是一个完美人生的梦境，她们既是女孩，又是女人。她们如此美好，她们的热情能感染整个世界。想做"甜姐儿"的女人，一定会对生活微笑。这样的女人是浪漫的，是快乐的，也是乐观的，她们需要男人的宠爱与包容、珍惜和保护。

似有似无的体香感香水女人。顾名思义，"氧气美女"给人的感觉必定是清新的，与她们在一起，能时刻有着神清气爽的感受，自然而惬意，两个字——"舒服"。自然、随性、不做作是"氧气美女"共同的信条，凝视她的双眸会令你的心情舒畅而平静。她们虽然看似柔弱，但事实上个性独立，坚强而又从不咄咄逼人。她们不是一碰就碎的瓷娃娃，更不会依附于他人。面对"氧气美女"，你能尽情享受与她在一起的轻松感觉。

花味香水女人。这是一种如盛放的花朵般的女人。花香代表的是一种极致的女人味。这类女人妩媚、成熟，充满了女性特有的神秘气质。她们的美源自内心，妩媚的情致、温柔的举止，这些无不是内心的美好和善良的自然流露。漂亮的女人不一定有女人味，有女人味的女人却一定很美。花香女人是体贴的，总会让人感到舒心和温暖；花香女人是包容的，她们懂得男人的压力和艰辛；花香女人是善解人意的，她们不会让你为难，总会让你感到轻松和惬意；花香女人是诱惑的，因为她们举手投足间的风情与诱惑。

花木味香水女人。她们不是柔弱甜美的小女人，也不仅仅只是性感。她们像一个发光体，能吸引所有人的目光。她们成熟、智慧，又兼具女人的魅力。她们对自己的一切都充满自信——身材、性格、头脑、判断、身手、气质。她们往往性格坚强、心智成熟，并拥有高贵的气质。而大气的性感是她们最显眼的魅力。她们往往有着丰富的人生阅历，但是时光的洗礼没有减少她们的美丽，反而让她们更多了一份淡定与风韵。

不同类型女人喜欢的香水类型

更多的时候，读懂女人心的目的是为了"偷心"，是为了赢得美人的青睐。女人对香水是没有免疫力的，想要取悦心仪的人或是想讨好女性朋友，选对香水非常重要。

温柔型的女人。喜欢清淡的香味，这种香味就像她自己一样温柔美好，让人感觉难以忘怀。

内向型的女人。喜欢似无似有的香味，这种香味往往没人关注，但这正是她的低调、不慕繁华的性格。

外向型的女人。没有确定的香味，因为她们性格多变。外向型的女人也很敏感，所以她们喜欢的香水总有一些比较敏感的香味。

内外型的女人。也没有确定的香味，她是看场合、看对象用香水，她往往不会钟情一种香味，这样的女人大多是情场高手。

活泼型的女人。喜欢的香味很特别，就跟她自己一样，香味要有活力，一闻到这样的香味就会感到开心和振奋。

泼辣型的女人。喜欢浓味香水，泼辣型跟活泼型不一样，她的香味就像千里香一样传得很远。

香水是女性的标志，不同的香气体现的正是女性各具特色的性格。想要成功地了解女性的心理，就要学会读懂不同的"女人味"，闻香识女人。

阅人笔记

香水是一种符号，是女性的魅力符号。在香水中既夹杂了女性自身独有的魅力和特色，又融合了女性对于生活和未来的憧憬。对于女性来讲，香水是意义非凡的，也正因为如此，才使香水带有鲜明的性格特征。

讨不同类型女性欢心的恋爱秘籍

面对千姿百态、错综复杂的女人心，很多男性感到无从下手，只能望洋兴叹，错失良机。其实，打动芳心并不是无路可循，只要细心观察，抓住不同类型女性的心理特点，是很有可能收获美好爱情的。

面对心仪的女性，很多男性虽然心向往之却往往踌躇不前。虽然他们平时谈笑风生、潇洒从容，可是在追求时却忐忑不安，明显信心不足。他们不确定怎样的追求方式才能顺利打动对方，更不知道贸然行动后会有怎样的结果。虽然，世界上并没有俘获女人心的"万能钥匙"，但是，如果能根据不同类型女性的性格特点采取巧妙攻势的话，就很有可能找到了破译芳心的"爱情密码"。

那么，怎样才能找到正确的爱情攻势呢？下面的几点希望能够提供有用的借鉴。

打动不同类型女性的恋爱方式

追求理智型的女性。需要用爱情的力量打动她，采用直抒胸臆的办法展开攻势是非常有效的办法。用感情战胜理智，是追求理智型女性的最好方法。因为，一般来说，理智型女人以其充满智慧的气质给人一种望而生畏之感，许多男人往往敬而远之。因此，理智型女性接收爱的机会较少，而她们在被爱的时候，更能感到爱情的存在。

追求内向型的女性。如果要追求的话，可以用关怀、体贴让她在心情不好时耐心倾诉，并制造供她宣泄感情的机会。因为，内向型女性平时不爱表达感情，很容易因小事在内心产生压抑感，以致容易产生感情的猛烈爆发。假如你能使她的内心得到平衡与协调，你就会慢慢地成为她的倾诉对象和恋人。

追求自尊心强的女性。要在被拒绝时巧留余地，给她以自尊心上的满足，然后趁其内心态度变化时，抓住时机婉转表达心意，往往会收到奇效。这是因为自尊心强的女人往往对自己的容貌很有信心，她们特别注意自己留给他人的印象。她们在拒绝追求者后，因为理智的反省会让一种担忧在她们心中油然而生。她们会想，万一事实证明自己太绝情，就会被对方认为自己心肠太狠和缺乏教养。这正是她们很在意的，从而产生对追求者重新评价的意愿。而此时，也是追求者表白的大好机会，千万不可错失良机。

追求沉默高傲型的女性。这种女性外表冷漠，但往往内心热情，她们一般喜欢比较有个性的男人。她们开始可能对追求者不屑一顾。这时千万不要气馁，一定要坚持下去。看电影、跳舞、溜冰，都是不错的选择。追求这样的女性一定要多找机会表达自己。对这种类型的女性，你的真情外露是很有吸引力的。追求这种女性的时间一般比较长。

追求浪漫幻想型的女性。这种女人对精神的追求多于对物质的，不过浪漫是需要金钱来营造的。她很喜欢风花雪月，多送礼物最能拨动她的心弦。要想追到这种女性，平时的玫瑰、零食等是必不可少的，要细微处见精神，平时一定要多多培养读懂女性心思的能力，多到浪漫的地方去约会，比如春游、舞会、看爱情故事片……她慢慢地就会离不开这样的关心照顾了。

追求活泼可爱型的女性。这种女孩的追求者往往很多，倒不是因为她们容易追求，而是她们经常处在主动位置上。喜欢上这种女人，如果她有好感，那就很容易了，多多和她接触，偶尔表示一下对她的好感，她就和你同步向目标走近了。若她并没有动心，也不要灰心。只要还有机会，就要去争取，可以试着和她以友谊的形式交往，慢慢地她就会被打动了。

追求温柔体贴型的女性。追求这种女孩，在生活中要对她多多关心照顾，不需要太多物质上的付出，而是需要一种发自内心的关怀。在她正需要人的帮助的时候出现在面前。当然送礼物鲜花是不会错的。可以在平日闲聊中流露出一些对她的好感，等到时机成熟，就可以趁热打铁，说出那句你早就想说的话了。

大部分女性都喜欢的追求方式

以静制动，静待时机。女性虽然在外表上表现得毫不在意，但实际上内心充满矛盾，因为她们害怕一再拒绝，会使追求者敬而远之。而如

万种风情皆女人，看穿心事最重要

果追得太紧，女性的"防卫本能"又会促使她们远远躲开。这也是女性的一种逞强好胜、不肯认输、好奇等心理在作祟。只要掌握好追求的节奏，就很可能猎取芳心，收获爱情。

单刀直入，大胆表白。大多数女性都喜欢直率的表达，她们认为这样的男性充满了魅力，而单刀直入的表达往往让人难以拒绝。相反，她们并不喜欢吞吞吐吐、过分含蓄的男性。因此，在邀请女性时，要直率坦诚，就算对方不喜欢，也会委婉地拒绝。如果对方默默不语，那就是默认了。同时，还要让她感到是"因为实在找不出理由拒绝才赴约的这样做"，可以使她得到安慰，因为她不想让人觉得自己是一个随便的女人，而是迫于因为你的请求，她才去赴约的。

潇洒从容，真诚自然。女性有一种自我心理防卫的本能。她们不喜欢两类男人，一类是在女人面前，木讷沉默、少言寡语的人，另一类是在女人面前夸夸其谈、行为夸张的人。因而，男人应该保持潇洒从容、真诚自然的本色，才能得到女人的欣赏，赢得女人的芳心。

果断自强，自信负责。女性都把爱情作为终身的依靠。因此，在她们心中，只有坚毅果断，有责任心的男人才是一生的港湾。而畏首畏尾、优柔寡断的男人往往让她们看不起。因此，男性应该在心仪的女性面前充分体现身为男人的优秀品质。

打破常规，标新立异。女性大都有强烈的好奇心和求变心理，盼望一些新奇的事让生活富有乐趣。她们并不欣赏呆板传统的男人。当然，在迎合女性的这种求刺激、求变化的心理之前，必须首先让她们在相信你是作风稳健的人，然后才能巧破常规，创造新意，否则会弄巧成拙，使女性认为你举止轻浮、非常不可靠。

先入角色，强占先机。说话者的情绪能感染听众。而懂得了这点，就懂得了让女性心动的方法之一，那就是技巧高超的谈话。交谈时要时刻渗透着个人对所说事件的主观感觉，同时强调叙述中的主观色彩，以此来提高她对所说事情的关心程度。因此，男人在与女人谈话时要先入角色，占据主动，把主观情感的好恶体现在话题中，营造有感染力的谈话气氛，要注意释放内心的热情。

如果用一项运动来形容爱情，那么这项运动就是长跑。打动芳心是一场旷日持久的战争，只有知己知彼、巧用策略、"因地制宜"，才能在爱情的争夺战中全胜而归。

阅人笔记 📖

女性的心思如细密的发丝，纷繁复杂；女性的喜好倾向千差万别，难以捕捉。但是，只要抓住了女性的性格特征，巧用心思，匠心独运，定能赢得美人心。

心有千千结，恋爱中的她在想什么

恋爱虽然甜蜜，但是在恋爱的过程中却有很多问题，女人的敏感、不安和感性等性格特征往往在恋爱中淋漓尽致地表现出来。而男女间的差异又让男性不知所以，一头雾水，进而烦恼不已，影响了两人间的感情。因此，要想避免类似的问题，就要弄懂女性的恋爱心理。

女性心思细密，天性敏感，感受力强，同时也很情绪化。而在恋爱时这些特点更是表露无遗。女性在爱情中总有很多看似难以理解、不可理喻的行为，而这些行为背后往往有着深刻的心理根源。

小蒋和小洛是一对恋人，两人关系一直很好。可是这天小蒋发现他的女朋友小洛有些奇怪，她一会儿是欲言又止的样子，一会儿又表现得对他态度很冷淡。小蒋疑惑了，他猜想可能是自己做错了什么。可是他经过一番仔细思考后，还是不得要领，不知道自己到底哪里出问题了，又不敢上前去询问，于是他只好装作浑然不觉的样子。后来小蒋无意间瞥见了床头的日历，上面当天的日期用笔圈出来了，旁边还有几个小字。小蒋凑近一看，原来上面写着"纪念日"三个字。这时小蒋才恍然大悟：原来今天是他们在一起三周年的纪念日，小洛将这个日期标出来显然是很重视这个节日，而自己却把这件事忘了，怪不得女友会不高兴了。

小蒋最后终于从迷惑中走了出来，了解了女友的内心想法。恋爱中的女人看起来总会有些奇怪的举动。想要保持良好的关系，就要求男人要用心了解女人心里的真实想法。那就让我们看看下面的几点，它们会对男人怎样准确了解女人内心的想法有所启示。

闲聊中经常提及其他男性

许多女人都希望抓住男性的弱点，让其更加死心塌地、一心一意。其中最常见的举动就是在和男友闲聊时不经意地说到其他不相干男人的姓名或是事情。正常情况下，热恋中的双方为了防止不必要的误会，会尽量避免提及之前的男女朋友或是异性。可是交往一阵子后，有些女生就会在闲聊时不经地提及其他的异性。虽然看似无意，轻描淡写，但女人这样做是别有目的的。她们希望挑起男人的忌妒心，让对方更喜欢自己，同时想借此探测自己在对方心理的位置。

重视各种纪念日

女人通常会对生日、周年纪念日等有着特殊意义的日期很看重，对她们来说，记住这些日期是在心底里重视她们的表现。如果男性忘记这些日期，就无异于在向她们传达这样一个信息——她在自己男友的心目中并不重要，她们往往会因此而伤心不已。所以，为了给女友留下好的印象，加深两人的感情，男性最好记住对方的生日，记住两人约会的日期，记住两人在一起的日期等，这样女性一定会笑逐颜开，对增进两人的感情起到很好的作用。

时常要男友发誓

有一些女人，她们常常都要男友发誓说"我是真心爱你""我不会变心"等。女性这样做通常是因为她们对爱情抱持着不信任的态度，往往借由对方的誓言来确认自己的爱情。可是，当誓言变成敷衍了事的答案，她又会为了追求另外新的誓言而移情别恋，正如莎士比亚曾说过的一句话："男人的发誓只会让女人背叛他。"

拿小时候照片给对方看

通常情况下，女性会很介意给他人（特别是异性）看到自己小时候的照片，尤其是刚刚出生后不久的照片或是上学时的大头照。因为大部分人小时候的照片都不是很好看，就是闺中密友都不一定会看到，更别提是异性了。如果女性私底下拿出小时候或是大头照时，也许她正向你暗示她的好感。因为她已经对你撤除了心防，你们在心理上的距离已经相当接近了。

假心假意的"转移"

女性在恋爱时，非常喜欢对方称呼她们"亲爱的"，或说些"我在乎你"等甜言蜜语。然而男性往往对这点难以理解。正因如此，女性才会有意识地在男朋友面前表现和其他男性很友好，以激起男友的醋意，试探男友的真心，但效果往往适得其反。因为，大多数男性对于女性的这种"移情"会信以为真，而主动退出恋爱，从而终结了一段美好的感情。

女性在恋爱时看似不可理喻的表现实际上是她们保护自己的表现。她们害怕恋人不重视自己，害怕失去爱情，而同时她们又深深陷入爱情

万种风情皆女人，看穿心事最重要

中，所以，她们开始苦恼，开始内心中关于理智和情感的挣扎。她们既希望通过种种行为来求证恋人的真情，又要想办法隐藏内心的真实感情。就这样，她们做出了种种奇怪的举动。而男性也不必因此而苦恼，这恰恰能说明她们那颗柔肠百结的心早已付出了爱情。

阅人笔记

　　身为男性，要想和身边的恋人走向稳定长久的感情，适当地表达自己的感情，给对方足够的安全感是必要的。这样不仅会加深双方的感情，更会收获一份"执子之手，与子偕老"的爱情。

抓住生活印迹，阅人之中有阅历

生活中我们难免要与人接触，这时就需要我们洞悉他人的内心，了解与不同人交往的相处之道。如果能抓住日常生活中的印迹，并从中发现隐含的性情信息，就能够使我们在生活中多一些方便，少一些麻烦。

读心关键词，生活琐事最给力

生活中的琐事看起来微不足道，但是将这些琐事集合起来也就构成了我们的生活习惯，进而体现着我们的性格。因此，我们可以从生活琐事入手来解读人们的心思，帮助我们破解人们的性格秘密。

每个人的生活中都充满着点滴的小事，这些琐事无疑为我们看透他人生活习惯、了解人的性格特点提供了良好的素材。因此，想要读懂人心、获知人的性格特点，我们就要留心观察，在人们的生活琐事中寻找体现人性格信息的蛛丝马迹。

小程最近要和两个网友去做自助旅行。考虑到对两位网友的性格特点不是很了解，不知道怎样才能与他们很好相处，小程有些担心，于是他决定请求爸爸帮忙。小程的爸爸是个资深的人力资源经理，在看人识人上很有经验。他问了些有关两位网友的生活琐事，小程就将从平时聊天中获知的信息告诉了爸爸：网友甲很喜欢看书，而网友乙则喜欢聊天。于是，他给小程的建议是：网友甲会有广泛的兴趣爱好，为人理性，有主见，对事情往往能做出准确的评判，遇到事情时可以多采取他的意见；而网友乙会有不错的交际能力，不愿独自面对孤单，应注意多与他沟通交流。小程按照爸爸给他的建议去做，果然与两位网友相处得非常好，三人有了一次很完美的旅行。小程很佩服爸爸的建议能够带给他那么大的帮助，同时也很好奇为什么爸爸只问了些生活的琐事就能够了解他们的性格。对此，小程的爸爸回答他说："不要小看了生活琐事，透过它们更能读懂人心啊。"

小程的爸爸不愧是资深的人力资源经理，在看人识人上很有本事。我们要想成为阅人高手，就一定不能放过人们在生活琐事中透露的性格信息。那么生活中的琐事到底会透露人怎样的性格特点呢？看看下面的建议，我们一定会有所收获。

喜欢读书的人。在生活中，我们总能碰到这样的人，他们热爱阅读，常常会把别人拿来游戏或逛街的时间用在读书上。这类人往往想象力很丰富，在创造力方面也很突出。他们思维能力很强，对待事情不会随波逐流，常常有自己独特的见解。这种人一般性格比较内向，与别人交往不多，在为人处世方面很理性，有自己的主见，不会轻易受别人影响。做事情时很认真，通常是决定好的事都会努力去做到很好。由于喜爱读书，经常阅读各方面的书籍，他们兴趣相对很广泛，知识面也很广，即使是对自己没有经历过的事情也能做出准确的评判和预测。

喜欢看电视的人。喜欢看电视的人大多比较"宅"，与外出相比，他们更喜欢待在家里看电视，跟别人交往也不多，通常是把别人交友的时间花在了看电视上。他们大多想象力很丰富，喜欢思考，但是人会比较懒惰，往往行动能力很差，即使头脑里有很多想法，也很少把这些想法付诸实践。

喜欢打电话的人。有些人不管有事与否，总是喜欢给别人打电话。这种人往往具有外向的性格，喜欢和人交往，在人群中也是活跃分子，很健谈。他们很热情，生来具有好动的性格，往往闲不下来，做起事情来干脆利落，从不拖泥带水，行动力很强。虽然他们动手能力很强，但缺乏思考能力，当需要出谋划策时，他们往往会听从别人指挥或者征求他人的意见。当没有人能够帮助他们时，他们常会表现得犹豫不决，不知所措。

喜欢打扫卫生的人。这种人喜欢打扫房间往往不是因为他们有洁癖，而是一种习惯使然。因为这样会让他们觉得过得比较充实，觉得自

抓住生活印迹，阅人之中有阅历

己没有虚度光阴。他们往往严于律己，不允许自己出差错，希望把所有事情都做得井井有条。闲散无聊的生活状态是他们最不能容忍的，因此他们往往会给自己安排很多事，别人很少看到他们空闲的时候。

喜欢聊天的人 有些人总是喜欢找人聊天，他们或者是找到自己的朋友谈心，或者是在网上与网友聊天。这种人往往内心缺乏安全感，不愿意独自面对孤单寂寞，总希望在别人的帮助下摆脱自己的烦恼。他们往往很重感情，喜欢与不同的人交往，交际能力不错，具有良好的人缘。但由于自己害怕孤单寂寞的性格，往往表现得过分依赖朋友。

喜欢沉思的人 我们周围常常会有这样的人，他们喜欢独处，喜欢自己静静地思考。他们往往有很强的自制力，即使是无聊时也不介意一个人待下去。这种人大多不善于表达自己，很少向别人袒露自己的内心，即使是好朋友也很难了解他们内心里到底在想什么。当遇到困难时，他们大多时候会选择自己处理或者默默忍受。他们通常很注重自己的形象，自尊心比较强，懂得怎样与别人交往，能够很好地和别人相处。

通过上面的分析我们不难发现，生活中看似司空见惯的小事却能体现人不同的性格特征，只要我们勤于观察善于分析，就一定能够透过生活琐事了解到人们的性格特点。

阅人笔记

生活中处处有学问。如果我们独具慧眼，善于观察，我们就会发现，即使是平凡的琐事中也往往透露着不平凡，因为这些看似简单的小事正是我们解读人心、分析他人性格特点的有力素材。

抓拍脱鞋方式中的心理影像

脱鞋是我们生活中再普通不过的细节，这个动作我们每天都在做。然而，就是这样一个再简单不过的动作，也因人的性格不同而有所差别。

当人们忙碌了一天，拖着一身的疲惫回到家里的时候，往往会脱掉鞋子以放松紧张的身躯。然而，每个人都拥有自己独特的脱鞋方式，有的人会把鞋子摆好，有的人会把鞋子随意放在地上……这些不同的脱鞋方式又体现着什么不同的含义呢？

五十多年前，苏联宇航员加加林乘坐"东方"号宇宙飞船进入太空遨游了 108 分钟，成为世界上第一位进入太空的宇航员。加加林在二十多名宇航员中之所以能脱颖而出，起决定作用的是一个偶然事件。原来，在确定人选前的一个星期，主设计师罗廖夫发现，在进入飞船前，只有加加林一人脱下鞋子，只穿袜子进入座舱。就是这个细节使加加林一下子赢得了罗廖夫的好感，他感到这个 27 岁的青年如此懂得规矩，又如此珍爱他为之倾注心血的飞船，于是主设计师决定让加加林执行这次飞行任务。

加加林正是因为脱掉鞋子这一细节赢得了主设计师的青睐，才有幸成为世界上第一位进入太空的宇航员。从他的事例中我们看到，脱鞋这一细节看似随性之举，却显示着人们不同的性格特点。下面就让我们逐一分析，看清这些不同方式体现的性格秘密。

很随意地脱下鞋子，不在乎如何摆放的人

我们周围经常会有这种人，他们很随意地脱下鞋子，并且毫不在意

脱下的鞋子如何摆放。这种人往往属于完全不考虑社会体制和规则的类型，他们常常会以追求自我欲望为中心，做事时常凭着自己那股冲动的力量，喜欢自由奔放的生活方式。如果用精神分析学来解释，那么他们就是典型的"本我"较强烈的人。这种人往往还保留着幼儿时期的性格，有了欲望就本能地去追求、去行动。如果往好的方向发展，当然会有所收获；但是，如果他们不幸地往坏的方向发展，那么就会很容易养成任性的性格。他们在工作中常会有不同的创意，并且多数是合乎常情的。

脱下鞋后，把鞋尖朝向门外的方向整齐排好的人

有些人脱下鞋后，不会把鞋子随意乱放，而是把鞋尖朝向门外的方向整齐地排好，以便下次出门时方便省力。这样的人凡事都要准备得万全，才会放心地做接下来的事情，是个追求完美的人。也正是因为这种性格，他们在社会上往往会树敌很多，对于同事也毫不放松，因此与同事之间的关系可能会比较紧张。他们大多会压抑自己的感情，喜怒不形于色，常让人琢磨不透他们的喜怒哀乐。他们会遵守社会规范而行动，不会做出不符合常规的行动。同时，这种人防卫意识过强，道德心和伦理感都相当强烈，也常常因此会显得负担很重。

脱下鞋后，把鞋尖朝屋内的方向整齐排好的人

有些人不会把脱下的鞋子乱放，而与上面那种把鞋尖朝向门外方向整齐排好的方式不同的是，他们会把鞋尖朝屋内方向排好。这种人往往能够适当地考虑解决问题的方式方法，能够很容易地取得社会平衡。在现实生活中，他们心思细腻但又不过分追求完美，做事时各方面都会考虑得很周到。总之，这种人常给人一种成熟踏实稳重的感觉，会让人不自觉地产生信赖感。

不自己脱鞋，而是由同住在一起的人帮忙脱下鞋子的人

我们也常会碰到这样的人，他们不愿意自己脱鞋，而是要同住的人帮忙脱下鞋子。这种人是那种最典型的任性的人。比起随便一脱也不排好的人，他们更加任性，凡事喜欢以自我为中心，很少考虑别人的感受。与其说他们是任性，倒不如说他们是完全被宠坏了。他们可能是因为从小得到过多的宠溺，才养成了唯我独尊式的性格。在生活中，他们往往格格不入，很难与周围的人和谐相处，因此与周围人的关系常处于紧张状态中。

就是再累也要把鞋子整齐地放到鞋架上的人

有些人他们不管多累也会把鞋子整齐地摆放到鞋架上去。这种人往往具有独特的思考方式，他们的想法常常让周围的人惊讶，有时候甚至会让人觉得担心或害怕。如果他们的想法合乎时宜，很可能就会招来大财运。可是很多时候，他们的想法是脱离现实的，因此容易不被人理解，从而变得孤立。

鞋带也不解，就直接把鞋子踢掉的人

生活中往往会有这样一类人，他们在脱鞋子时，往往连鞋带也不解开，就直接把鞋子踢掉。这种人往往对自己的判断很没自信，也常常会为生活中的小事烦恼不已。他们对待新事物的态度总是敬而远之，具有相当消极的心态。他们多半不喜欢多样化的生活，只想守着一个人，守着同一种生活方式过日子。因此，以他们的性格特点，很适合做个幕僚。

综上所述，即使是脱鞋这个再普通不过的细节也因人性格上的差异而有所不同。留心观察人们不同的脱鞋方式并加以分析，我们就能够对人们的性格有所了解。

阅人笔记

生活中再普通不过的小细节，却往往能在体现性格特点方面起到大作用。留意不同人的脱鞋方式，剖析隐藏在这些不同方式背后的秘密，我们就会轻松知晓对方的性格特点。

食色性也，饮食偏好显示的个人风格

有句俗语叫做"萝卜白菜，各有所爱"，表面上说的就是人各有自己的饮食偏好。事实上，正是由于人在性格特征上存在差异，人们喜欢的食物类型与口味才会各有不同。

秀秀大学毕业后独自来到一个新的城市，打算在这里闯出一片属于自己的天空。她很快就在这个陌生的城市结交了几个新朋友，并打算在她们之间选择一个作为自己最要好的朋友。但是却苦于对她们性格不是很了解，不知道该选择哪位深交比较好。于是她向生活经验丰富的姐姐求助。姐姐在得知她经常会和几个朋友一起去聚餐的信息后，告诉秀秀要多注意她们的饮食偏好，并告诉她不同的饮食偏好会体现着人们怎样的性格特点。秀秀听从了姐姐的建议，通过几次观察分析，她在几个朋友中选择了爱吃炖菜的萌萌。事实证明，萌萌正像她期望的那样性情温和，待人友善，很容易相处。不久以后，两人就成为了亲密的好朋友。

秀秀的姐姐在阅人方面果然很有阅历，通过对人饮食偏好的分析帮自己的妹妹解决了难题。我们要想成为阅人高手，也要多注意人们的饮食偏好，从而了解人的性格特征。

从偏爱的主食看人

人们一般有自己喜欢的主食类型，有人喜欢面食，有人则喜欢油炸食物，这些不同的喜好往往与人不同的性格特征息息相关。

喜欢吃面食的人 这类人通常思维活跃、口齿伶俐，与人交往时往往很热情，常会凭感觉做事，而不去计较后果与得失。这种人往往意志力不够强，容易因为他人而改变自己的想法，心理素质较差，在面对困难时往往会丧失信心。

喜欢油炸食物的人 偏好油炸食物的人往往具有很强的冒险精神，他们有抱负，有理想，事业心较强。但是由于心理素质不够强，当他们受到挫折时往往会灰心丧气。这种人大多开朗热情，好交往，但是易冲动，耐心和毅力都不够强，因此当他们遇到麻烦和困难时，往往会产生逃避退缩的想法。

喜欢吃生冷食物的人 有些人尤其喜欢把生冷的食物当做主食，这些人往往比较喜欢亲近自然，大多性格内向，喜欢独处，不愿与别人交往，因此在别人眼里看来，他们难以接近。他们往往个性较强，有主见，做事认真果断，没有太强的表现欲望。

喜欢吃烤制品的人 有的人在众多食物中比较偏好烤制品，他们往往上进心强，争强好胜，做事认真，善于思考，善于谋略，但是关键时候往往拿不定主意，显得犹豫不决，面对困难时心理素质较差，性格直爽，爱急躁，对人很热情，但往往不够温柔。

喜欢吃煮或炖的食物的人 偏好这类食物的人大多性情温和，为人友善，待人亲切；能为他人考虑，容易与人相处，人际关系能够处理得很好；做事不喜欢张扬，表现欲望不强；想象力很丰富，但有时难免会脱离实际。

从不同口味的偏好看性格

人们不仅会有自己喜欢的主食类型，也会在口味偏好方面有所不同。而一个人的口味偏好往往也能够反映人们的性格特点。

喜欢吃甜食的人 这种人多半热情开朗，待人温和，平易近人，容易与人交往，善于打交道，交际能力强。习惯安于现状，容易满足，缺乏冒险精神，做事谨慎认真，能把事情处理好，但是性格不够坚强，责任心也一般。

抓住生活印迹，阅人之中有阅历

喜欢吃清淡食物的人 偏好清淡类食物的人往往性格温和，亲切大方，交际能力强，因此他们人缘往往比较好。他们具有聪敏的头脑，思维敏捷，即使是遇到困难时也能坦然面对，心理素质很好，具有较强的团队意识，善于合作，但是独立性不强，做事容易犹豫不决，不够果断，缺乏自己的主见，没有领导才能。

喜欢吃酸味食物的人 喜爱酸味食物的人往往具有内向的性格，他们不善交际，有些孤僻，有时很执拗，不懂得变通，爱走极端，虽然上进心较强，却缺乏合作意识，常喜欢独立做事，不爱交往，因此朋友较少。

喜欢吃咸味食物的人 这种人待人接物时彬彬有礼，性格稳重踏实，责任心强，他们大多具有聪明的头脑，善于思考，考虑问题很周全，做事有条理、很现实。他们为人过于冷静，以至于会让别人以为他们不够热情。事实上，他们并不是不够热情，而是对感情控制很强。

喜欢吃辣味食物的人 这种人做事认真且有魄力，为人热情，办事能力强，有主见，不易受人影响。他们往往个性刚强，即使是面对困难也不轻易屈服，不畏强权，却往往会因为对方的婉言相求动心。生活中他们追求完美，对自己要求高，对别人也很严厉，有时甚至到了苛刻的程度。

总的来说，人们不同的性格特点会在人们不同的饮食偏好中体现出来。只要我们留心观察，仔细分析，就会在人们喜欢的食物类型及不同的口味偏好中搜寻到人们不同的心理与性格特征。

阅人笔记

每个人都有自己的饮食偏好，而人的性格特点往往会在人们的这些偏好中体现出来，正所谓食色性也。当人们向我们展示自己饮食偏好的时候，也就无意间向我们透露了他的性格特征，我们想要成为阅人高手，就一定不能错过这个了解人的良机。

解析饮食习惯中的性格标签

一个人的饮食习惯往往体现着他的修养学识以及家庭教育等方面的信息，而这些方面恰恰是影响一个人性格形成的重要因素。

饮食无疑是人一生中从事最多的活动之一，人们在进行这项活动时会有不同的表现，从吃饭方式到吃饭速度再到吃饭次数等都会因人而异。人的饮食习惯无异于体现人们性格特点的标签，读懂了这些标签的含义，也就读懂了人的性格特点。

秦先生做老板很长时间了，早就练就了一双阅人的"火眼金睛"。一次一个业务员想与他谈一笔大生意，秦先生见这位业务员彬彬有礼，穿着整齐，谈吐不俗，对他的表现很满意。于是两人决定一起吃饭，边吃边谈。可是吃过饭后，秦先生却改变了原有的对这位业务员的好印象，也没有答应与对方签订单。不仅是那个业务员不知道自己哪里做得不够好导致秦先生拒绝与他做生意，就连秦先生的下属对此事也是疑惑不解。对此秦先生给出了自己的理由。原来两人一起吃饭时，秦先生在进一步观察着他，发现那位业务员对饮食很挑剔。而根据他的阅历，这样的人往往不会有开阔的胸襟，在与别人交往时爱挑别人的毛病，对自己要求却不够严格。那位业务员的这些缺点让秦先生觉得他很难会把生意做好，因此才会拒绝与对方签订单。

秦先生真是个阅人高手，能够在简单的饮食习惯中看穿对方的性格。其实，人的饮食习惯各不相同，那么这些不同的习惯到底有什么性格含义呢？看看下面的解析，相信我们就会对不同饮食习惯所体现的性格特征有所了解了。

站着吃的人 这种人常常是还戴着帽子、穿着衣服，就站在开着门的冰箱前面吃东西。他们看起来总是很饿，需要立刻吃东西，其实这只是他们的饮食习惯而已，这种人经常会吃没煮过的食物，甚至是咖啡还没冲泡好就喝了。这说明他们的胃口一般很好，容易满足，很可能会是个性温柔、体贴的人，与人交往时，他们大多会很慷慨。

边煮边吃的人 习惯边煮边吃的人往往是那些贤妻良母，她们往往把妻子和母亲的角色扮演得很好，因为会把时间都花在照顾家人上，往往几乎没有机会坐下来和家人一块儿用餐。对他们来说，让家人高兴是一件很重要的事。这种人往往具有牺牲精神，性格温和，勤劳体贴。

边走边吃的人 有的人习惯边走边吃，虽然在旁人看来，他们可能是因为很忙碌才会选择这种吃法，而事实上，这是他们的一种习惯。这种人经常会来去匆匆，做事毫无规律，做决定也会仅凭一时冲动。他们不善于分配自己的时间，常常会给自己找许多不必要的工作。

吃饭狼吞虎咽的人 有些人吃饭速度非常快，常常是饭放到嘴里还没怎么咀嚼就咽下去了，对饮食不挑剔，只要能填饱肚子就满足了。这种人往往性格外向，开朗大方，热情豪爽，不拘小节。他们能够吃苦，任劳任怨，做事干脆利落，下决定时很果断，对工作很负责，进取心强。他们喜欢与不同的人交朋友，对人真诚没有城府，人际关系很好。但是他们往往不善于思考。

细嚼慢咽的人 有些人会不慌不忙地咀嚼每一口食物，尽情享受食物的味道后才慢慢将食物咽下去。这种人往往喜欢以缓慢而悠闲的步调过日子，为人冷静，善于思考，谨慎认真，做事前常会做好充足的准备，不会打无准备之仗。但是他们一般进取心不强，做事以稳为主，害怕冒险，应变能力不强，遇到麻烦时往往会不知如何解决。他们大多会宽以待人，是做朋友的不错选择。同时他们观察能力也很强，善于发现身边的人才。

习惯少食多餐的人 有的人每顿饭会吃得很少，但是每天会吃好几顿。显然这种进食习惯比较有益于健康，比较科学。这样的人大多具有良好的体魄，为人宽宏大量，热心善良，乐于帮助别人。他们往往进取心和交际能力都很强，容易受到他人的敬爱。

只吃晚餐的人 有些人白天不吃饭，只是在晚上进餐。这种人通常善于克制自己，行动能力很强，往往会给自己设置一些目标，并努力奋斗去完成。他们意志坚定，不容易动摇，做事坚持自己的原则。

吃饭从不挑食的人 有些人不管吃什么都会很开心，对食物不挑剔。这样的人大多具有开阔的心胸，为人宽宏大度，忍耐力强，性格温和，乐于助人，喜爱结交朋友，人际关系很好。他们往往自制力很强，不过没有太大的进取心。

对饮食挑剔的人 有些人对饮食很讲究，不合胃口的就不吃，吃饭很挑剔，他们大多心胸比较狭隘，不会容忍他人，生活中爱挑他人的毛病，而对自己却要求不严。他们一般很有主见，做事有自己的原则，不懂得变通，容易因此而得罪人。

吃饭时一言不发的人 有些人在吃饭的时候闷声不响，一句话都不说，只顾着低头进餐。这种人往往性格内向，比较传统，有些孤僻的倾向，不喜欢与人交往，人际关系很一般。他们一般很理智，为人冷静，不易冲动，但有时会过于谨慎。

吃饭时侃侃而谈的人 有些人喜欢说话，即使是吃饭时也很健谈。这种人一般自我意识很强，常忽略他人的感受，性情比较急躁，做事缺乏耐心，不够稳重，喜欢投机取巧，常给人不踏实的感觉。

通过上面的分析我们可以看到，人们的饮食习惯会因人性格的不同而表现出很大的差异，牢记这些不同的习惯所代表的性格特点，我们就能在以后的交往中通过观察人的饮食习惯了解对方的性格特征。

饮食习惯大部分是在无意识中形成的，但这些无意识的习惯却深深根植在人的性格中，成为了显示人性格特点的重要因素。学会解析这些习惯背后的意义，那么探知人的性格特点将变得更加容易。

玩转性格魔法，吃饭就座方位表达内心信息

当我们在饭店吃饭的时候，只要我们留意观察就会发现，有些人总会习惯性地就座于某个不变的方位。而人们对某个方位的偏好恰恰表达了他们内心的信息，也体现着人不同的性格特点。

某公司设计部做的一项设计刚一上市就受到了广泛的好评。因此，部长提议大家一起聚餐以庆祝这次设计的成功，同时放松一下这段时间以来比较紧张的心情，并且由于这个团队中有几个刚加入不久的成员，聚一下有助于增进大家之间的交流及了解。这个提议受到大家一致的好评。在饭店就餐时，为活跃气氛，部长想邀请大家轮流进行表演，大家都表示同意。可是在该请谁第一个上台的问题上部长犯了难，与部长很要好的楠楠注意到了她的困境，于是，楠楠来到部长旁边给她提了个建议：不如让静静先来吧。部长有些迟疑，认为静静刚进设计部不久，担心她会因为拘谨而拒绝。楠楠说出了自己的想法：在入座时静静主动选择坐在了中间的位置，这说明她表现欲很强，希望成为众人的焦点，因

此让她先表演她一定不会推辞的。部长觉得楠楠的话很有道理，就听从了她的建议。果然，静静欣然答应了部长的请求并起身为大家表演了一段舞蹈。

楠楠很细心也很聪明，她注意到了静静对就座方位的选择并对她的选择做出了合理的分析。我们要学习楠楠的智慧，就要对人们在选择不同的位置就座时所体现出的不同性格特点有所了解。下面就让我们来学习一番。

习惯坐中央的位置的人

一般情况下，在饭店吃饭时会主动选择这个座位的人并不常见，因为坐在这个位置就往往意味着要成为在座所有人中的焦点人物。因此，如果有人习惯性地选择这个位置，显然说明他有很强的表现欲望，内心很希望能够成为众人关注的焦点。他们平时做人往往比较高调，言行举止很张扬，喜欢引起人的注意，在交往中常常以自我为中心。这种人一般对自己很有信心，习惯于在别人面前展示自己，却常常忽略别人的感受，也因此会在无意中得罪了周围的人。

习惯坐在靠窗的位置的人

吃饭时喜欢坐在靠窗位置的人在生活中很普遍，是种很常见的类型。靠窗的位置往往光线很好，并且可以透过窗户看到窗外的风景，显然是个不错的选择。习惯性坐在这个位置的人往往没有什么突出的性格特点，属于大众化的类型，他们在各方面往往都很普通，没什么特别引人注目的地方。他们性格温和，容易与人接近，待人友善，人际关系相对来说不错，人缘也比较好。

习惯坐在入口位置的人

有些人在饭店吃饭时，偏好在靠近大门的位置入座，尽管这里会人来人往，常常会使他们无法坐得安稳，但他们却对此毫不在意。这样的人往往属于性情急躁，且没有足够耐心的类型。他们选择坐在这里主要的原因之一是这个位置距离出口很近，方便他们随时出入。并且由于位置特殊，他们还可以很方便地对进出的人进行观察，并通过观察了解这些人的特点，这也是他们习惯性入座在这里的原因。这种人往往观察能力很强，具有乐观积极的态度，为人开朗，喜爱与他人交往，对待他人比较热情，善于为别人思考，乐于为别人服务，因此他们能够赢得多数人的好感，会有很多朋友，人缘不错。

喜欢面对墙壁而坐的人

有些人会找那些面对着墙壁的位置坐下来，这样他们呈现给别人的状态就是面对墙壁，背对其他人。这样他们就不用与人交流，无疑会给他们省去许多不必要的麻烦。他们不愿与别人交往，也希望通过这种方式免除别人对自己的打扰。这样的人行事往往特立独行，与周围人有很多不同之处。在性格方面往往很孤傲，自我意识很强，不愿与别人交往，常给别人带来距离感，让人不愿意接近。因此，跟他们亲密交往的人并不多，他们的朋友也会很少。

喜欢靠着墙壁而坐的人

有些人在挑选位置时，往往会青睐那些可以背靠墙壁的位置。这种人在人群中也是比较常见的类型。坐在这里，四周的环境如何就会尽收他们的眼底，让人觉得很安心。喜欢坐在这个位置的人往往警惕性很高，对自己的自信心往往不足，缺乏安全感，甚至有时会有自卑倾向，也正因为这样背靠墙壁的位置会让他们觉得舒服安心，他们才会习惯性坐在这里。这种人大部分不善于与人交往，不懂得如何处理人际关系。

喜欢坐在角落的人

这个位置通常是整个饭店大厅的死角，是最边缘的位置，坐在这里会对整个大厅的情形一览无余，可以清楚地观察整个大厅的动向。这里虽然出入不够方便，却同样是个容易免除别人打扰的地方。因此，这里相对背靠墙壁而言，是更让人觉得安心的地方。选择这个位置就座的人往往没有安全感，具有更强的防范心理。他们一般没有什么表现欲望，不希望得到别人的关注，对自己不引人注意的旁观者形象已经司空见惯，并且通常会甘于接受现状。他们往往安于现实，害怕冒险，十分渴望过安稳、平定的生活。

阅人笔记

当在饭店吃饭的时候，选择了什么样的位置入座，就体现出了相应的性格特征。注意他人在选择就座方位上的习惯，能够帮助我们轻松破译他人心理密码，解读他人的性格秘密。

性情呼叫转移，点菜方式告诉你

生活中，我们既然免不了要到饭店吃饭，也就自然免不了要点菜。如果足够细心，我们就会发现，点菜方式也是因人而异的。而这恰好又给我们提供了一次观察人、分析人性格的机会。

当人们在饭店点菜时，在点菜顺序，对菜品的选择方面往往会有些差异，这些差异正隐藏着人们不同的心理特征和性格信息。因此，当人们点菜时，我们不妨留意他的点菜方式，并通过分析了解对方的性情信息。

小严最近计划要与某公司的一个客户谈一笔生意。在此之前小严就对这名客户有所耳闻。他听说这位客户很善于谈生意，常常会为他自己的公司赢得很大的利益。因此，小严在见客户之前很忐忑，不知道自己

抓住生活印迹，阅人之中有阅历

能否谈好这笔生意并为公司赢得利益。应客户要求，两人一起去饭店边吃边谈。细心的小严发现这位客户拿到菜谱后很快就做出了选择，马上点了份自己喜欢的菜。由此，小严心想，这位客户平时一定很乐观，做事果断，讨厌拖泥带水，和他谈生意，最好是直奔主题。因此，在谈到生意上的事宜时，小严迅速抓住这单生意的重点进行分析商谈。这位客户觉得小严解决问题的方式与他竟如此相似，顿时对小严心生好感。接下来两人谈得很顺利，小严也成功地为自己公司赢回了应得的利益。

小严聪明地从对方的点菜方式中看穿了对方的性格，为他下面的交谈提供了很大的便利。想要成为阅人高手的我们也要多注意人们在点菜方式中透露的性格信息，增加我们阅人识人的智慧。下面就让我们对不同的点菜方式进行剖析，看看不同的点菜方式体现着人们怎样的性格特点。

从点菜顺序上来看

通过细心观察我们就会发现，当需要点菜时，有些人总是习惯性地第一个点菜，而有些人总是喜欢做最后点菜的那个，下面就让我们看看这两种人分别有什么样的性格特点。

第一个点菜的人 通常来讲，第一个点菜的人往往在同桌吃饭的人群当中受到尊敬，他们要么是这一群人的领导，要么就是大家很信服的人，要么就是常常领导别人做事的人。

这种人个性往往积极主动，领导能力强，具有一定的指挥才能，做事时常常会发挥带头作用。尤其是当遇到困难时，他们的领导能力及带头作用会表现得更加明显。因此，他们常会博得别人的尊敬与信赖。他们往往很有判断力，有主见，不会人云亦云。

习惯最后点菜的人 习惯于最后点菜的人往往不知道该点哪个菜才好，所以总是会拖到最后难以回避的时候才会胡乱点个菜。

这种人在生活中往往习惯附和别人的观点看法，没有自己的主见，喜欢随波逐流，听从别人的指挥。但是他们往往合作意识很强，做事时非常注意考虑他人的利益，有时可以为集体利益甘愿委屈自己。

从对菜品的选择上来看

饭店往往会提供各种各样不同的菜品，而人们在对菜品的选择上也往往有着自己的偏好，这些不同的偏好正是人们不同性格的体现。

不管别人，只点自己想吃的菜的人 有些人在拿到菜谱后会很快做出自己的选择，马上点出自己喜欢的菜，而不去考虑别人。这种人往往具有乐观的心态，常常会不拘小节，做事果断，讨厌拖泥带水。但他们的判断准确与否却很难说。如果他们是先看价格，迅速做出决定，那么他们的做法是合情合理的；如果是只考虑自己是否爱吃的，那么这说明他们比较注重享受；但如果他们是比较价格与内容才做的决定，那么这种人往往很会算计，甚至有时会为人吝啬。

先点好，再视周围情形而变动的人 有些人会先想好自己要点的菜，然后视周围情况而改变自己的选择。这种人小心谨慎，在工作和交友上都显得很犹豫。此类型的人常给人留下软弱、没有主见的印象，因此在交往中他们的想法常常会被别人忽略。他们具有一定的想象力，但是会太过拘泥于细节，缺乏掌握全局的意识。

先请店员说明菜肴的情况再点菜的人 有些人会先请店员介绍饭店里菜的情况后，再选择自己要点的菜。这种人往往自尊心较强，不喜欢别人指挥自己做事。他们在做任何事时都会坚持自己的主张，并且追求不同凡响的效果，为人积极乐观，与人交往时很重视双方的面子。

一次点一大堆菜的人 有些人在点菜时会这个也要，那个也要，点一大堆菜。这种人往往心浮气躁，喜欢用最直接的方式表达自己的想法与需要。他们性格中充满孩子气，做事缺乏慎重考虑，不会合理估计失败的可能性，不会随机应变，不善于适应不同的场合，当遇到突发状况时往往会显得很难堪。

点便宜又好吃的菜 有些人点菜时会选择那些既便宜又可口的菜。这种人往往独断独行，喜欢自我行动，做事时常常以自己的兴趣或思想为优先考虑，可以说是有个性的人。他们爱憎分明，绝对不会与那些和自己志趣不合的人交往，但对于喜欢的人，却往往十分亲密，很会为对方着想。

由上面的分析我们了解到，当人们在饭店就餐时，人们的点菜顺序、对菜品的选择都会因不同人的性格上的差异而有所不同。想要成为阅人高手的我们一定不能放过这个锻炼自己阅人技巧的机会。

阅人笔记

人们往往会以不同的方式面对摆在他们面前的菜谱，这些不同的点菜方式不仅会体现人们的不同食物喜好，同时传达着人们不同的性情信息。因此，学会鉴别点菜方式的隐形含义，对于我们了解人的性情信息有很大帮助。

选择餐馆藏奥妙，对方心思巧知道

现代人由于各种各样的原因经常会选择去外面的餐馆就餐，而各种不同类型的餐馆恰恰满足了人们的这种需要。也正是由于有多种不同类型的餐馆可供参考，当人们想要去餐馆就餐时也需要在不同的餐馆中做出选择。

如果我们细心观察就会发现，不同的人往往青睐不同类型的餐馆。

而通过分析我们不难发现，人们对餐馆的不同偏好在透露他们食物偏好的同时，也透露着他们性格方面的信息。

　　小贾在下班回家的路上巧遇了多年未见的老同学小胡，得知小胡是出差来到此地时，他坚决要请小胡吃饭。面对小贾的盛情邀请，小胡也不好推辞，就答应了小贾的请求。于是，小贾将小胡带到了一家自己常去的西餐厅。两人聊了很多过去的往事，当聊到两人有什么变化的话题时，小胡说道："先让我猜猜你的变化吧，现在的你一定比过去活泼开朗多了，对新鲜事物会很感兴趣而不是像过去那样持排斥的态度。"小贾有些惊讶，怎么他的变化都被老同学说中了呢？小胡注意到了小贾难以置信的表情并向他解释了原因。原来他的结论是由对小贾选择的餐馆进行分析得来的。这次小贾更加惊讶了，他没想到选择个餐馆还会有这么大的学问在里面。

　　小贾没有料到自己会在选择餐馆就餐这件小事上被对方看穿自己的性格特点，那是因为他还没有意识到选择不同类型餐馆就餐的人会有着相应的不同性格特征。而想要成为阅人高手的我们就要像小胡那样，读懂对不同类型餐馆选择背后的性格秘密。

　　那么，选择不同类型餐馆就餐的人，究竟有着怎样相应的性格特点呢？下面就让我们看看两者之间到底有着怎样的联系。

　　喜欢去快餐店就餐的人　快餐店一般来讲有两大特点很吸引人，一是价格相对来说比较便宜，二是方便，速度快，能为顾客节省很多时间。很多人对快餐店情有独钟正是因为快餐店的这两大特点。由此我们可以得出结论，喜欢去快餐店就餐的人往往时间观念很强，懂得合理利用时间。同时，他们生活态度比较积极认真，做事干净利索，不喜欢拖泥带水，生活节奏往往很快。他们大多行动能力很强，不过不善于思考，做事常缺乏条理性。

喜欢去家庭餐馆的人 家庭餐馆往往气氛比较温馨，饭菜多物美价廉，并且比较卫生。喜欢到家庭餐馆就餐的人往往家庭观念很重，因此在吃饭时会尽可能选择能够体验家庭感觉的餐馆就餐。事实上，他们中的大多数是那些因为工作非常忙而没有时间在家吃饭的人。经常选择到家庭餐馆就餐的人除了家庭观念较强之外，性格大多比较外向，好胜心很强，不喜欢落在别人后面，做事认真谨慎，在工作方面责任心很强。

喜欢去街头小店的人 街头小店中往往会有种类繁多的食物可供选择，并且通常人多嘈杂，很热闹。喜欢到街头小店就餐的人大多性格外向，喜欢凑热闹，乐于与周围人交往，好奇心也很强。这种人通常生活得比较舒心，经常处于一种轻松自在的状态之中。

喜欢去商务餐馆的人 商务餐馆往往具有人性化和私密性的服务特点，能够为商务洽谈、朋友聚会、休闲娱乐提供很好的场所。喜欢到商务餐馆就餐的人往往性格外向，生活态度积极乐观，表现欲望很强，并且有很强的进取心。他们做事时很认真，有自己的原则，注重自己的感受。任何时候都不会改变自己去迎合对方，常会想方设法将对方纳入自己的轨道。

喜欢去日式餐厅的人 日式餐厅的食物往往看起来很简单，但每道菜都做得很细致、很精美，味道清淡，营养丰富。喜欢去日式餐厅的人生活往往很有情调，喜欢过小资的生活，懂得如何享受生活中的乐趣。他们性格比较安静，做事细致用心，在生活中很爱干净，甚至会有点洁癖。

喜欢吃自助餐的人 自助餐以其形式多样、菜式丰富、营养全面、价格低廉、用餐简便而深受很多人的喜爱。喜欢自助餐的人往往具有行动力，不喜欢被束缚，性格大多比较外向。这种人往往精于算计，是比较实际的人。

喜欢去西餐厅的人 西餐厅一般比较高档，价格相对较高，口味也和我们自己的饭菜差别很大。喜欢去西餐厅的人大多注重生活品位，注重礼仪，喜欢富有变化的生活，对新鲜事物感兴趣，性格活泼，喜欢与人交往，但往往会比较挑剔。

总而言之，对不同类型餐馆的偏好不仅显示着人对不同食物的偏好，也在一定程度上传达着人的性格特征。因此在生活中，如果我们留心人们在餐馆选择上的偏好，再将这些不同餐馆所代表的性格信息对号入座，那么对方的性格特点对我们来说就不再神秘。

阅人笔记

不同类型的餐馆，除了能够提供不同口味的食物来满足人们多种多样的需要外，也会在一定程度上体现不同人性格方面的信息，因为餐馆的选择与人的性格特点有着千丝万缕的联系。

看电视习惯，解密性格的一剂良方

电视为我们提供了了解外界信息的窗口，同时也用它丰富多彩的节目将人们吸引到它们跟前，在我们身边造就了越来越多的电视迷。而众多的电视迷对不同的电视节目有着自己的偏好，从这些不同的偏好入手分析，我们就能够解密人们的性格。

如今，电视节目越来越丰富多彩，并且有众多频道可供观众选择。当人们坐在电视机前时，总能找到自己喜欢的电视节目。然而，不同人喜欢的电视节目是不同的，这些不同的偏好与人们的性格息息相关。

小许一个人来到一家餐厅就餐，在饭菜还未做好时有些无聊的小许打开了餐厅里的电视，并开始搜寻自己喜欢的电视节目。当调到一个正在播放某竞猜类栏目的频道时，他津津有味地看了起来，并跟随着节目里的问题进行思考和推理，甚至连老板把他的饭菜端到他的桌上都没发现。一直到节目结束小许才意犹未尽地吃起饭来。由于此时不是吃饭的高峰期，闲着的老板就来到小许的座位旁与他聊起天来。老板对小许说道："你平时一定是个为人冷静、善于分析思考的人吧。"小许一愣，心想怎么这陌生的老板会说中他的性格特点呢？只听老板继续说道："刚才看你很喜欢看竞猜类的电视节目，从这点就能看出来了。"小许不禁惊讶，原来喜欢看的电视节目也能暴露自己的性格啊。

　　餐厅的老板为人智慧，能根据人喜爱的电视节目看出人的性格特点。想要成为阅人高手的我们当然要好好学习对不同电视节目偏好到底会透露人怎样的性格秘密，下面就让我们来做个详细的了解。

　　喜欢看动作剧的人 喜欢看动作剧的人往往会厌倦平淡安定的生活，觉得这样的生活过于乏味枯燥，渴望生活中能够多一点变化和刺激，好奇心强，对惊险刺激的事物有特别的兴趣。对他们来说，惊险刺激的武打动作无疑能满足他们的嗜好，给他们的生活添加些色彩。这种人性格大多争强好胜，不甘于平凡普通的生活，做事认真负责，渴望能够得到别人的关注，希望自己的生活是丰富多彩的。

　　喜欢看大型综艺节目的人 这种人往往对自己很有信心，生活充实，热忱大度，胸襟广阔，所以没有永久的敌人。他们在交往过程中不善于设防，容易吃亏上当。由于他们为人大度，常常能够原谅别人的过失，并给予对方及时的帮助。

　　喜欢看体育节目的人 喜欢看体育类节目的人往往自身就是某项运动的爱好者，他们大多争强好胜，追求卓越，不畏压力，意志坚强，善于思考，即使是面对困难也不会面露难色，而是会如同对待游戏一般，喜欢在拼搏当中获得乐趣，并且能够知难而进，具有百折不挠的精神。他们做事前喜欢制订完整的计划，习惯未雨绸缪，办事时有条不紊，常常顺理成章地把事情圆满完成。

喜欢看言谈节目的人 喜欢看言谈节目的人大多具有比较渊博的知识，思维活跃，富有想象力。他们头脑灵活，反应灵敏，应变能力强，观察力强，为人热忱善良，胸襟宽阔，正义感强，常有路见不平、拔刀相助的壮举，做事时谨慎小心，喜欢察言观色，能够揣摩别人心思，思考问题全面。这种人交际能力很强，人际关系良好，但是有时不够收敛，太过锋芒毕露。

喜欢看戏剧节目的人 喜欢看戏剧节目的人往往至少有一方面的特长，所以自信心特别强，相信自己能够冲破任何艰难险阻，敢于向极限冲锋和挑战，具有说一不二的倔犟性格。他们有个性，有想象力，善恶分明，疾恶如仇，不怕困难，有魄力，有勇气，富有浪漫主义色彩，爱好正义，但过犹不及，有统治他人的欲望，有时会装腔作势，狐假虎威，有时过于张扬，让人看了厌烦。

喜欢竞猜节目的人 有些人喜欢看竞猜类的节目，跟随节目进行思考和推理，不管答案正确与否，都表现出积极进取、竞争心理强的性格倾向。他们大多具有积极乐观的个性，头脑聪明，知识丰富，思维活跃，富有挑战精神。平时为人冷静沉着，心理素质很好，善于思考推理，判断能力很强。他们虽然进取心强，但往往不带有功利性，比较享受战胜困难的过程，对结果往往不是十分在意。

喜欢看游戏节目的人 有些人喜欢看游戏类的电视节目，并会跟着电视中参加游戏的人一起体验游戏带来的喜悦。这种人在生活中很善于利用时间，有幽默细胞，懂得调节生活的节奏，热爱家庭。

喜欢新奇节目的人 有些人对那些阐述新奇类事物，比如有关外星人的报道、世界上一些奇闻异事类的节目情有独钟，这种人性格外向，往往自身知识比较丰富，好奇心很强，想象力丰富，喜欢新鲜刺激的事物，面对挫折挑战时有超乎寻常的抗压能力。

喜欢财经类节目的人 有些人会对电视上财经类的节目很感兴趣，这种人要么是想通过看这类节目提高自己财经方面的修养，要么就是对经济理财方面很有兴趣，不过他们大多知识结构比较丰富，很有经济头脑，对事情往往有自己独到的见解，不会人云亦云。

众多种类的电视节目满足了人们对电视节目的不同偏好。如果我们注意留心观察人们喜欢哪类的电视节目并仔细分析，就能更好地了解人们的性格特点。

阅人笔记

电视节目的多样化极大地丰富了人们的业余生活。然而同样是把时间花在看电视上，人们却会选择不同的电视节目来度过这段时光。这些不同的嗜好正折射着人们不同的性格信息。

附：阅人有术，做人有道

在揣摩和了解他人的性格特征和心理之后，采取适当的方式，才能攻克他人的心理堡垒，达到自己预想的目的。

学会绕圈子，打动人心才是王道

在读懂人心之后，我们还要懂得如何赢得人心。打动人心是一门艺术，和阅人之术一样，有着一定的方法和手段。只有在懂得人心之后，运用恰当的方法和手段才能助事情成功。

古代有一位国王，他昏庸无道，只知道沉迷于享乐，却不治理国家，以至于民不聊生，举国境内一片荒凉。因为这位国君生性残暴，没有大臣敢直言进谏，稍一动怒，轻则会被打入监狱，重则人头落地，只能眼看国王昏庸下去。

一次，国王外出游玩，看到一个穿着破烂的人正在树下半躺着，而他仿佛没有见到国王一样，只是静静地卧在那儿，似乎正在集中精神做些什么。国王很生气，就派人询问那个人为什么见到国王毫无反应。侍者走到那人跟前询问了一番后报告国王说："他说他是个隐士，能听懂鸟语，而他此刻正在仔细倾听树上鸟儿的谈话。"国王听后感到非常有趣，竟然没有责怪那人的无礼，而是走到那人面前，询问他到底听到鸟儿在说些什么。

隐士不紧不慢地走到国王面前说："回陛下，树上的鸟儿正在谈论儿女婚嫁的问题。"国王听了更加好奇，赶紧问鸟儿具体是怎么说的。隐士却深深地鞠了一躬，答道："臣不敢说。"国王赶紧答应恕他无罪。于是，隐士接着说道："树上的鸟儿要结成亲家了，其中公鸟的父母询问母鸟的父母打算拿多少嫁妆，母鸟的父母回答说'我们打算拿五座荒村的树木作陪嫁'，公鸟的父母则嫌太少了，说道'你们也太小气了，当今国王万寿无疆，只要在他的统治之下，拿十座荒村作陪嫁是不成问题的'。"国王听后，一言不发，回去之后一改往日作风，励精图治，终于成了远近闻名的英明君主。

故事中的隐士真的很高明，他以委婉而又巧妙的方式，仅用三言两语就做到了多少人用性命去换也做不到的事情。从这个故事我们可以看出，打动人心不是不可能的，只要方法恰当、攻势巧妙，就能达到想要的目的。

打动人心需要方法恰当，而采取直截了当的方式却并不可取。每个人都有着防范心理，直接讨好或请求的方式在打动人心方面往往是不可取的。打动人心，需要"曲线救国"的方式，要委婉地从其他方面对人心进行"围攻"，才能取得想要的结果，否则，很可能遭受失败，甚至引起他人的厌恶。那么要怎样运用迂回的方式打动人心呢？以下的几点希望能有所帮助。

冷静镇定、深藏不露

在与人交往时，要想赢得他人的好感，就一定要时刻保持冷静的头脑和镇定的情绪，既要有耐心又要有智慧。在同他人交往时，我们很有可能会有感情或情绪上的波动。比如，某个人傲慢的态度难以接受，或是某个人的友好让人心生感动。这些情绪是要不得的，会影响对他人的判断，更会导致忘了初衷——打动人心。同时，也不能让他人洞察到内心的目的和想法，这样之前的准备和努力也就前功尽弃了。所以，要保持冷静的心态，这样才能控制情绪，时刻为打动人心做准备。

言谈中庸，保留观点

在和他人交流时，万不可对人对事大加评论，直言内心的想法和感受。这样做一是可能让对方感觉为人轻浮、喜欢议论他人，二是可能让别人借机窥探了内心。因此，对人对事都要持保留意见，要让对方觉得可靠、随和，而不是高傲喜欢议论他人，这既关系到留给他人的印象，又关系到他人对我们的人品评判。

规避对方敏感的事物

这一点是非常值得注意的，需要建立在对他人心理了解的基础上。每个人都有不愿提及的事和人。比如，一个人刚刚失恋，就不能在他面前提起关于爱情或约会的话题，这样会让人心生厌恶，认为是有意挖苦他人。而如果一个人刚刚参加完考核，看起来又无精打采，就不能贸然询问考核的结果。有时，出自内心的关心并不一定有好的效果，甚至会适得其反，这时，察言观色就显得非常重要。如果能体察他人的难言之隐，并注意规避的话，一定能赢来他人的好感。

巧妙地赞美

没有人不喜欢他人的赞美。但是，赞美也是需要智慧的，过于直接的赞美很可能被认为是目的不纯、有意讨好。因此，赞美要找对时机，要赞得巧妙。比方说，如果想要赞美一位女士，那么赞美她的外表一定不会错。对于一位身材很好的女性，可以借询问她来对其进行赞美，比如用"你是不是学过舞蹈"来赞美她的身材。她听后一定会大为高兴。而要想赞美一位身材稍胖的女士，可以说"老实说吧，你最近是不是经常健身"来暗示她变瘦了。

投其所好

这是一种讨好他人的方式，以此让他人对我们产生好感。但是这有别于通常所说的近似于谄媚的讨好，而是一种委婉的获得他人好感的方式。比如，要获得一位男士的好感，可以从他的爱好入手，如果他很喜欢篮球，那么，关于篮球咨询的杂志及节目则是打动他的好办法，可以借此作为两人加深交往的开始，或是营造好感的开始。因为人们都喜欢与自己志趣相投的人。而如果是一位很时尚的女士，可以用其喜欢的限量版的物品的独家资讯打动她，但是，一定要表现得自然。

温暖人心的关怀

当人脆弱的时候，往往是赢得人心的最好时机。这时候，人的心里渴望关心安慰，希望自己从低沉的情绪中走出来。而温暖人心的关怀正是人们此时最需要的。比如，在发现某个人因为头疼而没有办法完成工作的时候，可以在自己条件允许的情况下帮助其完成工作，或是在他人感冒不停咳嗽时静静地递过一杯开水。这些事情看似微小，在打动人心方面却有着惊人的威力。

宽容大度，不争强好胜

人们都喜欢温和宽容的人，而不喜欢事事争锋，积极表现自己的人。每个人都有虚荣心，都有忌妒心，在他人面前总是表现自己优秀之处的人很容易引起他人的反感。因此，为人要低调随和，即使是面对一个这样的人时，也要用一颗包容的心去面对，而不是与之比较，不分胜负决不罢休。在与人交往中，要适时地藏起自己的锋芒，这样才会得到他人的喜爱和尊敬。

其实，不仅仅在打动人心方面需要"绕圈子"，用迂回的方式打动人心，生活中的很多事情也不能采取"强求"的态度，要懂得旁敲侧击、以柔克刚。这恰如流水的品质：流水温柔，却水滴石穿；流水无形，不惧尖峰利石；流水有志，所以水到渠成。

巧妙激将，促事情成功

生活中常常有这样的人，他们很有能力，又不乏智慧，可是却软硬不吃。无论是用强硬的方式还是委婉的方式都不能打动他们分毫。这时候，就需要使用一些特殊的方法，而激将法就是这些方法中非常行之有效的办法。

激将法是在对待一些非常人、非常事的时候所使用的一种很特别的方法。尤其是对于那些在软硬兼施的攻势下都不为所动的人，这种办法往往很有效果。我们对激将法并不陌生，在古典名著《西游记》中，就有关于激将法的精彩描述。

凡人的唐僧看不出妖怪幻化出的人形，在孙悟空三打白骨精之后，出于误会一气之下将孙悟空逐回了花果山。可是，在他随着剩下的两个徒弟继续赶往西天取经的路上，又被妖怪抓进了洞里，情况很是危急。猪八戒只好去找孙悟空求助。被赶走的孙悟空正在气头上，自然不会理睬猪八戒的请求。猪八戒心生一计，对孙悟空说正是妖怪听到了他的名字才更加猖狂。这个办法果然奏效，孙悟空怒气冲冲地就去斩妖除魔了。

其实，在生活中我们也完全可以使用激将法。有些人虽然很优秀，很有能力和才华去做某事。但是，他们出于种种原因而不愿意去做某些事情。这时候，我们完全可以使用激将法来促使他们有所行动。

一位老总到香港开会，来到一家珠宝店，对一枚钻戒很感兴趣，准备买回去作为礼物。但嫌几十万港元的价格太贵，有些犹豫不决。接待小姐见此情形，笑着对他说："您真有眼光，昨天有位欧洲的王子也是一眼就看中了这枚戒指，只是后来因为价钱贵就没买。"这位老总听后，马上掏出信用卡，买下了这枚昂贵的钻戒，而且还非常得意。

激将法是一种反其道而行之的办法，是一种逆向的思维方式。它巧妙利用人们争强好胜、不服输的心理来激起对方的斗志。但是，激将法并不是可以随便使用的，有很多值得注意的事项。

（一）使用激将法要看准对象

激将法有一定的适应范围，一般来说，适用于那些社会经验不太丰富，冲动且容易感情用事的人身上。这类人对自己有自信，深信自己的能力，并且对感情和情绪缺乏一定的控制力。对于那些老谋深算、办事稳重、富有理智的人，激将法是难发挥作用的。

三国时著名的军事家诸葛亮率兵 10 余万驻扎在渭水边上向曹魏宣战。对方派遣司马懿出兵抵抗。诸葛亮由于远征在外，劳师动众，急于进攻，可是司马懿却拒不出兵。为了激司马懿出战，诸葛亮派人给他送去女人的服饰羞辱他，讽刺他和妇人一样胆小。可是司马懿却没有中计，竟然故意当着使者的面笑嘻嘻地穿上衣服表演了一番。诸葛亮真是棋逢对手，激将法并没有成功。

由此可见，激将法固然高效，却要找准对象。如果盲目使用，没有看清人的性格，只能是白白浪费了精力。

同时，激将法也不宜于对于那些没有实力、做事谨小慎微、自卑感强而又性格内向的人。因为语言过于刺激，会被他们误认为是对他们的挖苦和嘲笑，并极可能导致他们的怨恨心理。

（二）使用激将法要讲究分寸

使用激将法还要讲究语言的分寸，既要激发起对方的情感，又要使对方的反应掌握在我们的意料之中。如果在使用时语言太过苛刻，甚至有些刻薄，是很容易使对方形成逆反心理的。可是如果语言力度不够，不痛不痒，则又很难激起对方的情感而产生我们想要的行动。因此，在使用激将法时，一定要注意言辞的分寸，既要防止过度，又要避免不及。

小宋和小唐是同一家公司同一工作小组的成员。他们的小组正面临着一个很大的难题，可是小宋却退缩了，他想逃避困难。看到小宋的这种反应，小唐很着急，便想通过激将法来激起对方的斗志。于是他言辞激昂地指责小宋是个懦夫，这点挫折都克服不了，又怎么能做得了大事？其间还不时地拍着桌子。没想到小宋听后很生气，他马上起身愤怒地反驳，最后说了一句"既然我干不了，我不干了"便扬长而去。

小唐的激将法显然用得很失败，他的话说得太严重，没有注意小宋的心理底线，让小宋以为他是在挖苦讽刺自己，所以才会做出那样的反应。由此我们可以得到启示，在使用激将法时要仔细观察对方的反应，讲话要"恰到火候"，适可而止。有时候，明明刚刚的话语已经产生了作用，如果再继续说下去，则真的会变成讽刺和挖苦了。可是，如果对方刚刚有些反应，刺激的话语就停止了，也会造成对方已经燃起的热情很快冷淡下去。

（三）使用激将法要保持风度

使用激将法时，所用的工具是言辞，而不是态度，切不可为了激将而使自己情绪激动，这不仅让自己失去冷静，无法继续观察对方，甚至有可能影响自己的形象风度，让对方心生厌恶拂袖而去。

激将法是一种很有效的方法，它巧妙地利用了人们的心理来达到目的。成功地运用激将法需要使用者的恰当把握和运用。在使用时，万不可心浮气躁，使自己的情绪激动而首先乱了阵脚。如果激将法没有成功，也要冷静对待，不能因此而情绪不稳。事实上，激将法不仅可以用于促使他人做出一些我们期望的行为，还可以用于扰乱对方的情绪和心态，使对方处于不冷静的状态，以便于我们观察对方的性格，或是利用其失控的状态达到我们的目的。

人缘贵宾卡，微笑最无价

微笑是世界上最美丽的语言。在人际交往中，微笑的作用是不能忽视的，无论对方拥有什么样的性格，多么难以相处，都不会拒绝一个善意的微笑。

一辆警车正追赶着一个持枪抢劫的歹徒。

走投无路的歹徒拎着巨款跑进了一所居民楼，闯进了一扇虚掩的门。一个身材颀长的女孩正背对着他坐在窗前插花。

听到了声音，她转过身来。歹徒惊呆了，因为他看见一张阳光般灿烂的笑脸，而且她竟是一个盲人！女孩幸福地笑着说："你是在电视上知道我的吧？没想到，在我即将离开这个世界的时候，大家都这么关心我！"

歹徒突然对这个女孩产生了好奇："你刚才说你即将离开这个世界？"

"是啊，我有先天性心脏病，医生说我最多活到19岁。再有几天就是我18岁生日了。"

"我为你感到遗憾，你和我一样，要是能有更多的钱也许你会很快乐地生活下去！"歹徒苦涩地笑笑。

女孩微笑着说："你说错了，现在虽然我没有钱但感觉到了活着的快乐，我反而为那些用自己的生命换取金钱的人感到可悲！因为他们并不知道，快乐与否跟金钱无关。"

"你的插花真美，就像你的微笑那样让人着迷。我要去上班了，再见！"说着，歹徒便走出了她的家。

荷枪实弹的警察没费一枪一弹就抓获了歹徒。警察给他戴手铐的时候，他只说了一句话："请不要惊动那个女孩，更不要告诉她刚才发生的一切，好吗？"

一周后，在当地媒体对这一事件的后续报道中引述了劫匪发自肺腑的话："我最应该感谢的是她的微笑，如果没有她那粲然的一笑，根本就没有使我俩活下来的机会：她会死在我的枪口之下，而我则会在负隅顽抗中死于乱枪之下！是她的微笑救了她自己，也救了我。虽然她是一个盲人，但她显然懂得微笑对一个人的伟大意义。"

从这则真实而又感人的故事中我们可以感受到微笑的力量。微笑的作用是无穷的，力量是强大的，像一缕阳光照进人们的内心深处，驱走了黑暗与阴霾。如果在人际交往中感到手足无措、没有方向，那么试着对他人微笑吧，这会是一个很好的开始，更是最有效的办法。

世界顶级化妆师曾说："微笑是最好的化妆品。"微笑是美丽的使者，是最有价值的配饰，如果能用微笑装扮自己，不仅能提升气质，更能提升他人心中的好感。"回眸一笑百媚生，六宫粉黛无颜色"，看看这句话就知道微笑的力量了。

微笑是保护自我的一种方式。人有感情，有各种各样的情绪，但是出于各种各样的原因，人们必须隐藏内心的感情而不能将其表露出来。当人们不想流露内心的想法时，一个微笑往往能将问题掩饰，让一切看起来云淡风轻。

微笑也是缓解人际问题的一剂良药。当双方的关系陷入一个不自然的局面时，一个恰当的微笑往往能让不愉快烟消云散。微笑的作用是世界通用的，无论国籍语言、种族身份，仅仅一个微笑，所有人都会明白其中友好的含义。

因此，要想拥有良好的人际关系，获得人们的认可与好评，就要学会使用微笑，用微笑营造良好的人际氛围和自身形象。然而，微笑有很多种，不同的微笑有着不同的含义，要想成功实现微笑的价值，还要学会使用不同的微笑。

真诚的微笑

成功的人际关系离不开真诚的微笑。人们每天都会和不同的人打交道，都需要一些约定俗成的客套语来表示礼貌与友好，然而，没有什么语言比得上一个微笑的作用。这个微笑要发自内心，充满真诚，因为真心的微笑是可以看出来的。如果在与周围人接触时，适时地用真诚的微笑表示友好，一定能用美好的心意感染他人，而他人也会用真诚回报我们。

友善的微笑

人与人之间难免出现摩擦与误会，但是如果任由它们扩大发展，一定会成烈火燎原之势，最终殃及自身。所以，大度与宽容是必要的。但是，由于处境的尴尬和自尊心的需要，人们很难用语言解决所有问题。这时，一个善意的微笑将会替代所有语言来解决问题，将不快与矛盾化解，因为对方感受到了善意与真诚。

歉意的微笑

每个人都会犯错误，而这些错误很可能对他人造成影响。这时，除了道歉以外，还要用歉意的微笑化解对方心理的疑虑。因为，从微笑中，对方能够看到你道歉的诚意，感受到你的认真负责、有所担当，也会因此对你产生积极的印象。

信服的微笑

一个受人欢迎的人绝对不会是桀骜不驯、高傲自大的，只有虚怀若谷、谦虚随和才会赢得他人的好感和爱戴。因此，当他人取得成绩时，应该报之以泰然地态度，而不能因为他人的优秀而表现得很不服气，甚至产生忌妒心理。人都要力争上游，但是绝不能表现得有失风度。要试着泰然的接受他人的成绩，如果对其报之以信服的微笑，要胜过很多句恭喜之类的祝贺的话语。信服的微笑不仅会让对方感受到我们的胸怀，还会迎来他人的好感，因为没有人不喜欢欣赏、信服自己的人。

职业的微笑

有一些职业主要和人打交道。这类职业最重要的业绩保证就是良好的人缘。比如销售类行业，从事这类职业的人需要经常性地与他人打交道，而他人的印象也往往决定着销售的业绩。身处这类职业的人如果能够经常带着职业的微笑同客户打交道，一定会赢得更多人的好感，让业绩更上一层楼。

礼貌的微笑

在正式场合往往会有很多必要的礼仪，可是，却有很多人将这种礼仪变成了不得不应付的程式化过程。他们表情冷漠，很容易看出内心的不情愿。而这类人给人的印象也往往是消极的。所以，如果能够在表现必要的礼节时带上微笑，一定会给他人留下难忘而美好的印象，这对人际交往也是很重要的。

舍得微笑，收获真诚；舍得微笑，收获善意；舍得微笑，收获尊敬；舍得微笑，收获友情；舍得微笑，收获成功；舍得微笑，收获人生。带着微笑面对周围的人，带着微笑面对生活吧！

眼神是最好的武器

眼神是灵动的，因为眼神是思想的折射；眼神是有力量的，因为它是心灵的表达；眼神是震撼的，因为眼神中蕴涵着丰富的情感。要想打动他人的心，收获良好的人际关系，就要善用眼神的力量。

小马是位年轻主管，上任还没多久老总就要他接手一件非常重要的策划案。小马深知这项策划案的难度与重要性，于是心里很是犹豫，生怕自己做不好。他虽然在口头上答应了老总，但内心里却很纠结，感到忐忑不安，眼神中流露出了不自信的恍惚。老总注意到了这个细节，但他并没多说什么，而是给小马倒了杯咖啡，和他闲聊起其他的事情。在谈话快要结束的时候，老总拍拍小马的肩膀说："小伙子，好好干，你会做得很好的。"并用他充满阅历的眼神凝视了小马很久。小马在老总的眼神中看到了他对自己的信赖、肯定、鼓励与期望，心中瞬间充满了力量，觉得自己不能辜负了老总的青睐。于是他信心百倍并全身心地投入到了工作当中，最终非常完美地完成了这项工作，并被提升成为了项目经理。

在人际交往中，眼神的作用是不容忽视的。正像故事中所表现的那样，眼神能够以其蕴涵的情感来打动人心。很难想象没有眼神的交流是不是会有友情产生，是不是会有爱情的发生。而人们在交往中，也会经常体会到眼神的重要作用，一个不能直视你的人不会让你相信，而一个善意的眼神往往会让人感到温暖舒心。因此，在人际关系中，善用眼神的力量往往会得到非常好的效果。下面的几点将会具体说明怎样用眼神来打动人心。

真诚与善意的眼神

当我们想要和对方友好地交流、建立能够互信互助的良好关系时，就一定要用自己的真诚与善良去打动对方，因为没有谁会愿意与一个虚伪、心地不善的人建立亲密的关系。想要向人展示自己真诚善良的一面，不能只在语言上下工夫，眼神的力量也是不可忽视的。如果一个人看似在向我们诉说心事，流露出自己真情的一面，却不跟我们进行眼神交流，在他的眼中根本看不到真诚与善意，那么我们往往不会对他们的"真情流露"产生共鸣，因为我们会直觉地判断出他们并不是在和我们倾心交谈，甚至可能会有别的目的。

因此，想要打动对方，我们就要注意在交谈过程中一定要恰当地进行眼神的交流，用饱含真诚与善意的眼神告诉对方你的诚意，这样对方才会与我们坦诚相见，对我们敞开心扉，为建立起友好的关系打下坚实的基础。

鼓励与支持的眼神

生活中人们往往难免会遇到这样的情况：想要去做某事却因为缺乏自信而犹豫不决；马上要去做一件对自己来说很有意义的事却由于担心自己能否成功而紧张不已……当人们处于这种类似的状态时，非常需要别人的鼓励与支持。然而这个时候，语言往往不能很好地发挥作用，不能很好地表达我们的情感，因此，我们一定要适时地用鼓励与支持的眼神表达对他们的理解与信任，告诉他们要振作。那么对方的心一定会被我们的关注而打动，在增强自信、坚定自己信念的同时也会对我们心存好感。

但是有一点我们要切记，在向对方投以鼓励与支持的眼神时，尽量不要微笑，这样会让对方误以为我们是在嘲笑他们的处境，不仅不会起到打动人心的作用，还会带来负面的影响；也不能面色凝重，这样会让人觉得你是在担忧他们的处境，不仅不会增强他们的自信，反而会令他们更加怀疑自己的能力。

热情的赞美

林肯曾经说过："人人都喜欢受人称赞。"喜欢从别人那里得到赞美是人类的天性。赞美是一种艺术，正确运用这门艺术，会使被赞美者心情愉快，而作为赞美者自己，也会从中感到快乐。有时候一个充满热情的赞美的眼神会比赞美的话语起到更好的效果，因为语言往往不能全面准确地将我们的心思表达出来：说得过少会达不到我们想要的效果，说得过多又会显得比较做作，给人不真实的感觉。所以，我们一定不要吝啬自己赞美的眼神，适时地加以运用会给我们带来许多方便。例如，当人们经过精心装扮或者换了一身新衣服出现在我们面前时，我们一定要适时地向他们投去充满赞美的眼神，让对方体会到我们的关注与赞赏。这样我们与对方之间的距离就会迅速拉近，那么接下来的交谈就会轻松很多，使我们更容易达到我们的目的。

不过当我们运用赞美的眼神时，一定要掌握好分寸，既要让对方看到我们的关注，又不能让人觉得我们是在刻意关注他们，这样会让他们觉得难堪。比如，当我们要赞美面前刚换了一身新衣服的人时，就要注意，切忌对人上下打量，因为这样会让别人觉得不自在，甚至有种被嘲笑的感觉。

深切的关心

生活中，人们难免会有情绪低落的时候，有时是因为遇到了挫折，有时是因为身体的不适，有时是因为亲人出现变故……这时，人们最需要的就是别人的关心。然而，在不同的表达方式中，用眼神向对方表示自己深切的关心无疑是种极佳的选择。例如面对刚刚遇到挫折而情绪低落的人，我们往往不容易找到适宜的语言去安慰他们，因为这时的他们大多不愿再回忆起这次让人不快的经历，而如果我们转移话题与对方谈论其他的事情又显得对他们情绪不佳的事实有所忽视，也会让对方心里不舒服。因此，我们不如用深切的关心的眼神来传达自己对对方的关注和支持。这样对方往往会感受到我们的关心，也会体会到我们的用心良苦，从而被我们的举动所打动。

真心的倾慕

当遇到喜欢的人时，人们往往希望对方也能对自己倾心不已。在这种情况下，眼神无疑是打动对方的最佳武器。因为有些情况下，我们无法通过言行和对方近距离交流。但是，如果我们不采取适当的行动，很有可能错失良机，而被他人占了先机。因此，我们可以选择恰当的地点、适当的时机向对方投去倾慕的眼神，最好能有目光的直视，那么，让对方动心的可能性就更大了。因为有科学研究表明，两人间的爱情首先开始于四目相对。可是，有一点必须注意的是，用眼神表达自己的倾慕时也要掌握好尺度，不能一直紧盯着他人，以免让对方误以为我们是居心不良。

眼神是一种无形的力量，更是一种无声的语言。饱含情感的眼神往往要比直接的言语表达更加有效，它不受时间地点的限制，更不受身份地位的约束。如果能够善用眼神的作用，一定能够赢得他人的好感和尊敬。

大智若愚——适当装装傻

"大爱无形，大音稀声；大勇如怯，大智若愚"。在我们了解他人的性格之后，就要根据不同人的性格特征采取不同的交往方式，想要赢得他人的好感，有一点很重要，那就是大智若愚，学会适当地装装傻。

人们常说："难得糊涂。"很多智者正是以这句话作为修身养性的座右铭。然而，这句话并不是要人们对事情不加关注，糊糊涂涂地过日子。相反，这是一种大智慧，是一句真正的处世良言。人际交往中，拥有良好的人际关系不光在于赢得人心，也在于稳固已经拥有的人心。攻心很难，需要智慧和巧计，而留心同样需要用智慧来经营。

三位日本人代表日本航空公司与美国的一家飞机制造公司谈判，日方为买方。美国公司为了抓住这次机会，挑选了最精明干练的高级职员组成谈判小组。开始时，双方并没有像常规谈判那样交涉问题，而是由美方展开了产品宣传攻势。在宣传过程中，日方代表只是静静地看着。放映结束后，美方高级主管不无得意地站起来，转身向三位显得有些迟钝和麻木的日方代表说："请问，你们的看法如何？"不料一位日方代表说："我们还不懂。"这句话大大伤害了美方代表。他又问："你们说不懂，这是什么意思？哪一点你们还不懂？"另一位日方代表彬彬有礼地回答："我们全部没弄懂。"来自美国的高级主管又压了压火气，再问对方："从什么时候开始你们不懂？"第三位代表严肃认真地回答："从关掉电灯，开始幻灯简报的时候起，我们就不懂了。"这时，美国公司的主管感到严重的挫败感。但为了商业利益，他又重放了一次幻灯片，这次速度比前一次慢多了。之后，他强压怒气，问日方代表："怎么样？该看明白了吧？"然而，日方代表端坐在位子上，若无其事地摇摇头。美国的高级主管一下子泄气了，显得心灰意冷、无可奈何。他对日方代表说："那么……那么你们希望我们做些什么呢？既然你们都不懂。"这时，一位日方代表慢条斯理地将他们的条件说了出来，他说得如此慢。美国高级主管稀里糊涂地应答着，他的思维已经紊乱了，根本未作什么有效反应。结果，日本航空公司大获全胜，成果之大，连他们也感到意外。

这个例子告诉我们，在为人处世中，有时要适当地隐藏自己，伪装自己，不让他人了解我们的真实想法和情况。这样才能便于达到我们的目的。

（一）谦虚谨慎，隐藏锋芒

在现实生活中，总有一些人喜欢炫耀，不知不觉中就会把自己的实际情况和盘托出，弄得别人对他们的情况了如指掌。这种人一旦和别人竞争起来，往往会处于劣势。这是因为他们的分量到底有多重已经被人清楚地知晓，他们的软肋在哪里也被人看得清清楚楚，因此当别人有备而来，针对他们的弱点出手时，他们往往会被对方轻易击败。而有些人却谦虚谨慎、锋芒不露，让人看不出他们到底还有多少底牌没有亮出来。因此，即使是别人有意要攻击他们，也往往会因为找不到他们的要害之处而惨遭失败。由此我们可以看出谦虚谨慎、锋芒不露的人才能常立于不败之地。那么要做个聪明人，不想在竞争中处于劣势，我们就一定要学会谦虚谨慎地做事，懂得隐藏自己的锋芒。

（二）心知肚明，假若不知

在生活中有些事情我们明明知道，却最好假装不知。因为有些事实往往比较敏感，如果我们显露出我们已对此事知晓的话会给我们带来不必要的麻烦。因此，当遇到这种情况的时候，最好的处理方式就是即使心知肚明，也装做浑然不知。这样我们才能有效避免陷入尴尬的境地。

比如，当我们无意间得知本来关系要好的两个人却因为某些事情闹得正僵，而出于工作或生活上的需要我们又不得不与他们继续交往时，为了避免我们对他们之间关系的介入而产生不良的后果，我们最好在与他们交往时保持正常的态度，装做对他们目前的状况并不知情，这样当我们面对他们的时候，才会免除不必要的尴尬与麻烦。

（三）敏感问题，佯装糊涂

人们常说，难得糊涂。学会装糊涂在为人处世当中是一样必备的本事，因为生活中我们不可避免地会遇到一些敏感的问题，这时候表现得清楚明白往往会给我们带来尴尬，所以我们不如在对待这些问题时佯装糊涂。

例如当我们作为代表处理公司纠纷时，即使我们知道事情的经过，也最好要装糊涂，让客户觉得我们一无所知，这样，客户就不会对我们太愤怒，因为人一般不会把怒气撒到一个毫不知情的人身上。这样我们就通过佯装糊涂成功地免除了这个敏感问题可能给我们带来的麻烦。

（四）适当放手，不抢不争

生活在现代社会，我们身边总是充满各种各样的竞争。如果我们为了自己的利益而想方设法去抢、去争，久而久之，我们与周围人之间的关系就会越来越紧张，因此当我们得到了自己想要得到的利益的同时，也会被贴上斤斤计较的标签，失去了很多更宝贵的东西，比如朋友的信任、同事的信赖……

因此，我们要学会适当放手，在面对一些利益时做到不抢不争。有些利益看似很诱人，但却会让我们付出更大的代价，我们根本没有必要为了获得这些利益而失去我们更宝贵的东西。并且，当我们做到放手、不去争抢时，也会给人留下大度潇洒的印象，从而赢得人的好感。

（五）留出底线，紧守利益

俗话说："枪打出头鸟。"在为人处世之中，我们要避免锋芒过露，懂得在必要时装装傻，放弃一些利益。

一件商品要有它销售的底线，这个底线就是它的成本，高于成本就会赚钱，低于成本就会赔钱。同时，我们在隐藏锋芒、退让时也要有一定的限度，这个限度就是我们利益的底线，是我们必须要坚守的原则。因此，当我们做事时，一定要有全局观念，对自己的底线了解清楚，在交往中可以适当放弃一些利益，但是切记要为自己留出底线，紧守利益。超出这个限度，我们就不再是大智若愚，而是真正的愚者了。

"木秀于林，风必摧之"，古老的智慧告诉我们，强出风头是要不得的，而过于聪明也往往会引起他人的戒备心。因此，低调做人、高调做事才是赢得人心该有的态度。要在低调谦和的外表下，磨炼一颗智慧的心。